民航运输类专业"十三五"规划教材

服务礼仪

郝建萍　主编

国防工业出版社
·北京·

内容简介

本书以空中乘务、酒店服务、旅游服务等职业活动的工作过程为导向，以其岗位分析为依据，充分体现岗位能力的培养及后期发展潜力的形成。教学过程以实际的工作过程为参照系，强调通过对工作过程的"学"的过程，主要解决"怎么做"（经验）和"怎么做更好"（策略）的问题。对课程内容的排序，按工作过程展开，针对行动顺序的每一个过程环节来传授相关的教学内容。

本书根据服务业对人才的要求构建理论教学内容和实践教学内容，确定了理论与实践相结合且注重实践的教学流程，从而充分体现工学结合、深度融合的特点。

本书可作为职业院校和应用型本科相关课程的教材。

图书在版编目(CIP)数据

服务礼仪/郝建萍主编. —北京：国防工业出版社，2017.4 重印
 民用运输类专业"十三五"规划教材
 ISBN 978-7-118-07750-6

Ⅰ.①服… Ⅱ.①郝… Ⅲ.①服务业–礼仪–教材 Ⅳ.①F719

中国版本图书馆 CIP 数据核字(2012)第 001551 号

※

国防工业出版社出版发行
（北京市海淀区紫竹院南路23号　邮政编码100048）
腾飞印务有限公司印刷
新华书店经销

*

开本 787×1092　1/16　印张 9½　字数 212 千字
2017 年 4 月第 1 版第 4 次印刷　印数 9001—12000 册　定价 24.00 元

(本书如有印装错误，我社负责调换)

国防书店：(010)88540777　　发行邮购：(010)88540776
发行传真：(010)88540755　　发行业务：(010)88540717

空中乘务专业规划教材建设委员会

主 任 委 员 刘小芹　陈玉华

副主任委员（按姓氏笔画排序）

邓顺川　关云飞　李振兴　杨　征
杨涵涛　张同怀　林薇薇　洪致平
曹建林

委　　　员（按姓氏笔画排序）

方凤玲　孔庆棠　刘　科　刘连勋
刘雪花　汤　黎　杨祖高　吴甜甜
何　梅　陈　卓　张为民　陈晓燕
武智慧　赵淑桐　冒耀祺　俞迎新
姜　兰　姚虹华　郭　沙　郭定芹
郭雅荫　谢　苏　路　荣　廖正非

顾　　　问 綦琦

总　策　划 江洪湖

《服务礼仪》编委会

主　编　郝建萍

副主编　韩春梅　贺丽霞

参　编　刘旭颖　李晓君　杨张伶

前　言

随着我国经济的迅猛发展、经济全球化速度的加快、国际交流的增多,礼仪也日益受到人们的普遍重视。尤其是服务业作为第三产业的支柱产业之一,在现代经济发展过程中越来越显示出它的重要性。面对着蓬勃兴起、快速发展的众多服务企业和自觉成熟、日益挑剔的服务需求市场,服务企业之间的竞争也就日益激烈。今天,在企业产品质量差距日益缩小的情况下,方便、及时、周到、多层次的全方位服务,则是赢得竞争、占领服务消费市场至关重要的筹码。

本着以培养全面素质为基础,以能力为本位,以就业为导向的指导思想,我们组织编写了这本教材。本教材以基础礼仪为导向,以典型服务业(空中乘务、酒店服务、旅游服务)的工作过程为主体,以其岗位分析为依据,充分体现服务礼仪的基本规范和要求,注重岗位能力的培养。教学过程以实际的工作过程为参照系,强调通过对工作过程的了解,解决实际问题。因此,对课程内容的排序,按工作过程展开,针对行动顺序的每一个环节来传授相关的教学内容。

本教材作者来自西安航空职业技术学院及长沙民政职业技术学院。本教材由郝建萍任主编,负责拟定全书的编写提纲以及最后的统稿工作,韩春梅、贺丽霞任副主编。具体分工为:郝建萍与刘旭颖编写项目一;贺丽霞编写项目二;韩春梅与李晓君编写项目三;杨张伶编写项目四。在编撰过程中参阅了许多相关教材和文献资料。在此谨向这些教材和文献资料的著者、编者致谢!

由于编者水平有限,书中疏漏之处在所难免,敬请广大读者批评指正。

编　者

目 录

项目一 基础礼仪 ... 1
- 单元一 服务礼仪概述 ... 1
- 单元二 基本仪容礼仪 ... 10
- 单元三 基本仪态礼仪 ... 15
- 单元四 基本服饰礼仪 ... 32
- 单元五 基本用语礼仪 ... 40

项目二 旅游服务礼仪 ... 49
- 单元一 见面礼仪 ... 49
- 单元二 电话通信礼仪 ... 59
- 单元三 旅游服务人员语言礼仪 ... 64
- 单元四 导游礼仪 ... 74
- 单元五 旅行社服务礼仪 ... 84

项目三 酒店服务礼仪 ... 92
- 单元一 酒店服务礼仪概述 ... 92
- 单元二 前厅服务礼仪 ... 96
- 单元三 餐饮服务礼仪 ... 106
- 单元四 客房服务礼仪 ... 112

项目四 空乘服务礼仪 ... 124
- 单元一 空中乘务员职业形象 ... 124
- 单元二 迎送旅客服务礼仪 ... 125
- 单元三 空中客舱巡视服务礼仪 ... 128
- 单元四 空中餐饮服务礼仪 ... 131
- 单元五 语言服务礼仪 ... 136

参考文献 ... 143

项目一　基础礼仪

单元一　服务礼仪概述

教学目标

通过本单元的学习，应该掌握服务礼仪的基本理论并注重其在实践中的运用；理解礼仪的含义、本质及其特征；熟悉服务礼仪的含义及其意义；了解礼仪的内容、原则、分类等内容。

教学内容

（1）礼仪概述：礼仪的含义、内容、分类和原则。
（2）服务礼仪：服务礼仪的含义、特征、内容及学习的意义。
（3）服务礼仪的原则：职业道德、角色定位、双向沟通、三A法则、首轮效应、亲和效应、末轮效应和零度干扰。

教学方法

本单元为入门基础知识学习，以课堂讲解为主。

相关知识与技能

一、礼仪

礼仪是"礼"和"仪"两个词组合起来的合成词，这两个词在我国古代分别表示两个虽有联系却不尽相同的概念。那么什么是礼仪？它的本质是什么？遵循礼仪应把握哪些原则？这是需要首先弄清的问题。

（一）礼仪的含义

1. 礼仪

礼，其本意是敬神，表示敬意的活动。由于礼的活动都有一定的规矩、仪式，于是又有了礼节、仪式的概念。进入文明社会以后，人们把这种礼仪活动由"祈神"转向敬人。所以，礼是表示敬意的通称，它是人们在社会生活中处理人际关系并约束自己行为以示尊重他人的准则。礼属于道德的范畴，是社会公德中极为重要的部分。仪是指人们的容貌、举止、神态、服饰，它是一种形式。礼仪是指体现在一定的社会道德观念和风俗习惯，表达人们礼节、动作、容貌、举止的行为准则。礼仪是道德范围内的最低层次，以交往为特征，以律己和敬人为内容。

2. 礼仪的本质

礼包括礼貌、礼节、礼仪。礼貌是人与人之间接触交往中相互了解、敬重、友好的行为；礼节是社会公认的待人接物的方法和人与人相处的准则，是人们在交际场合相互问候、致意、祝愿、慰问等惯用的形式；礼仪通常是指在较大或较隆重的场合，为表示重视、尊重、敬意等举行的合乎社交规范和道德规范的仪式。礼仪从本质上讲是一种约束，是对人们各种先天倾向的社会性约束，是通过各种规范的言行表示人际间的真诚、尊重、友好和体谅，它是人的社会关系的集中体现。

3. 礼、礼貌、礼节、礼仪的联系与区别

从以上几个概念的解释中可以知道，礼、礼貌、礼节、礼仪之间既有联系，又有区别。

它们的联系是：

（1）礼包括礼貌、礼节、礼仪，其本质都是表示对人的尊重、敬意和友好。

（2）礼貌、礼节、礼仪都是礼的具体表现形式。

它们的区别在于：

（1）礼貌是礼的行为规范。

（2）礼节是礼的惯用形式。

（3）礼仪是礼的较隆重的仪式。

（二）礼仪的构成要素

1. 礼仪的主体

礼仪的主体指礼仪活动的操作者和实施者。它既可以是个人，也可以是组织。没有礼仪主体，礼仪活动就不可能进行，礼仪也就无从谈起。

2. 礼仪的客体

礼仪的客体又称为礼仪的对象，是指礼仪活动的指向者和承受者。从外延上讲，没有礼仪的客体，礼仪就失去了对象，就不成其为礼仪。礼仪客体既可以是有形的，也可以是无形的；既可以是具体的，也可以是抽象的。礼仪的客体与礼仪的主体二者之间既对立，又依存，而且在一定条件下可以相互转化。

3. 礼仪的媒体

礼仪的媒体指礼仪活动所依托的一定的媒介，它实际上是礼仪内容与礼仪形式的统一。

4. 礼仪的环境

礼仪的环境指礼仪活动得以进行的特定的时空条件，它可以分为礼仪的自然环境和礼仪的社会环境。它对礼仪的制约作用主要体现在两个方面，即实施何种礼仪要由礼仪环境决定；具体礼仪如何实施也要由礼仪环境决定。

（三）礼仪的分类

按应用范围的不同，礼仪主要分为行业礼仪与交往礼仪。

1. 行业礼仪

行业礼仪是指依照行业划分的，是人们在工作岗位上所应遵循的行为规范和道德准则。它主要包括以下内容。

1）政务礼仪

政务礼仪是指国家公务人员在执行国家公务时应该遵守的礼仪。它是对国家公务员行为规则标准化、基本化、规范化的要求，其关键在于"尊重、沟通、规范、互动"。政务礼仪主要包括办公室礼仪、公文礼仪、政务迎送礼仪等。

2）商务礼仪

商务礼仪是指从事经济活动的人员在商务活动中体现出来的相互尊重的行为准则。它的核心作用在于体现人与人之间的相互尊重。商务礼仪主要包括会议礼仪、公文礼仪、办公室礼仪、柜台待客礼仪、客户迎送礼仪、商务洽谈礼仪及各种商业仪式等。

3）服务礼仪

服务礼仪是指所有服务人员在自己的工作岗位上应当严格遵守的行为规范。服务礼仪的实质是指所有服务人员在自己的工作岗位上向服务对象提供服务的标准、正确的做法。服务礼仪的基本内容主要有服务人员的仪容规范、仪态规范、服饰规范、语言规范和岗位规范等。

2. 交往礼仪

交往礼仪主要以交往范围为依据，是人们在人际、国际交往中应遵循的礼仪规范和准则。它主要包括以下内容。

1）社交礼仪

社交礼仪是指人们在社会人际交往过程中所具备的基本素质及交际能力等。社交礼仪主要包括见面与介绍的礼仪、拜访与接待的礼仪、交谈与交往的礼仪、宴请与馈赠的礼仪及社会禁忌等。

2）涉外礼仪

涉外礼仪是指人们在进行国际交往过程中，与国外人员打交道时应遵守的行为准则。

3）习俗礼仪

习俗礼仪是指不同国家、地区，不同民族存在着不同习惯。只有了解并在社会交往中自觉遵守这些风俗习惯，才能有助于促进交往的成功。

（四）礼仪的基本原则

礼仪的基本原则是指在人际交往过程中，各种礼仪规范和行为应共同遵守的基本准则，它是现实生活中具体礼仪规范的提炼、概括和升华，具有普遍的指导意义。

1. 尊重原则

尊重的原则是指人们在实施礼仪时要体现出对他人真诚的恭敬与重视。尊重是现代礼仪的实质。礼仪本身从内容到形式都是尊重他人的具体体现。尊重他人就是要求人们在交际活动中，与交往对象既要相互谦让、相互尊敬，友好相待，和睦共处，更要将对交往对象的尊重、恭敬、友好放在第一位。尊重他人是赢得他人尊重的前提，只有相互尊重，人与人之间的关系才会融洽和谐。

2. 真诚原则

真诚的原则是指交往时必须做到诚心待人，表里如一，不自欺，也不欺人。真诚是人与人相处的基本态度，真诚是一个人的行为与内在道德的有机统一。在交往中，必须做到诚心待人，心口如一。待人真诚的人会很快得到别人的信任，在实际生活工作中，只要以真诚为原则，并处处体现出来，使与你交往的每个人都能感到你所做的一切都是发自内心的、真诚的,就能赢得友情,广交朋友。

3. 平等原则

平等的原则是指对任何交往对象都必须一视同仁,给予同等程度的礼遇。以礼待人,有来有往,既不盛气凌人,也不卑躬屈膝,平等原则是现代礼仪的基础,是现代礼仪有别与以往礼仪的最根本的原则。

4. 宽容原则

宽容是指心胸宽广,忍耐性强。一个有着宽阔胸怀的人往往能做到宽容别人,易于博得他人的爱戴和敬重。宽容原则是指严于律己,自觉按礼仪规范去做,遵信守约,以礼待人。就是要做到将心比心,多体谅他人,宽以待人,大事清楚,小事糊涂,得理要让人。

5. 适度原则

运用礼仪,与做事情一样,讲究具体问题具体分析,而且应当牢记过犹不及。适度,就是要求在运用礼仪时,为了保证取得成效,既要掌握普遍规律,又要针对具体情况,认真得体,掌握分寸;既不能做得过了头,也不能做得不到位。例如,在与人交往中,既要彬彬有礼,又不能低三下四;既要热情大方,又不能轻浮诌谀。

6. 遵守的原则

礼仪规范是为维护社会生活保持稳定而形成并存在的,实际上,它反映了人们的共同利益和要求,社会上每个成员,都必须自觉、自愿地遵守执行,用礼仪去规范自己在交往活动中的言行举止。如果违背了礼仪规范,就会受到社会舆论的谴责,交际也会失败。

7. 自律的原则

自律就是要克己、慎重,也就是要求自身树立良好的道德信念和行为准则,积极主动、自觉自愿、表里如一、自我对照、自我反省、自我要求、自我检点、自我约束、自我控制,不允许妄自菲薄、自轻自贱;也不能人前人后不一样,生人熟人面前不相同。通过礼仪教育与训练,逐渐使交往个体树立起一种内心的道德理念和行为修养准则。在与人们的交往中,就会自觉按礼仪规范去做,而无需别人的提示或监督。

8. 从俗的原则

由于国情、民族、文化背景的不同,在人际交往中,实际上存在着"十里不同风,百里不同俗"的现状。对这一客观现实,要有正确的认识,不要自高自大,唯我独尊,简单否定其他人不同于己的做法。只有遵守这些规定,才会使人们对礼仪的应用更加得心应手,避免出现差错,更加有助于人际交往。

二、服务礼仪

服务是一个与人打交道的工作,也是一个与服务对象沟通的工作。今天的消费者,面对着丰富多变的市场,有了更多、更苛刻的选择。服务质量更佳者,往往更能博得消费者的青睐。因此,掌握对顾客服务的行为规范,展现一名服务人员的外在美和内在修养,更容易拉近服务人员与顾客的距离,赢得顾客的满意和忠诚,提升企业的形象,实现品牌价值。

(一)服务

服务是指服务方遵照被服务方的意愿和要求,为满足被服务方的需要而提供相应满意活动的过程。服务是一种劳动方式,它不是以实物形式而是以提供劳动的形式满足他人某种需求的活动。服务质量的好坏,不仅关系到广大顾客需求的满足,而且是事关服务业生死存亡的大问题。

（二）服务礼仪的含义

服务礼仪，通常指的是礼仪在服务行业之内的具体运用。一般而言，服务礼仪主要泛指服务人员在自己的工作岗位上所应当严格遵守的行为规范。行为，指的是人们受自己的思想意志的支配而表现在外的活动。规范，则是指标准的、正确的做法。由此可见，行为规范是指人们在特定场合之内进行活动时的标准的、正确的做法。而服务礼仪的实际内涵，则是指服务人员在自己的工作岗位上向服务对象提供服务时的标准的、正确的做法。

（三）服务礼仪的内容

具体来讲，服务礼仪主要以服务人员的仪容礼仪、仪态礼仪、服饰礼仪、用语礼仪、岗位礼仪规范和行业礼仪规范为其基本内容。在其中的各个具体问题上，服务礼仪对于服务人员到底应该怎么做和不应该怎么做，都有详细的规定和特殊的要求。离开了这些由一系列具体做法所构成的基本内容，服务礼仪便无规范性与可操作性可言，而且也将无从谈起。

（四）服务礼仪的特征

服务礼仪是一门实用性很强的礼仪学科，与礼仪的其他门类相比具有明显的规范性、可操作性和灵活性。

1. 规范性

服务礼仪是指服务人员在自己的工作岗位上应当严格遵守的行为规范。这种规范，不仅要求服务人员按照一定的礼仪规范做好服务与接待工作，而且也约束着服务人员在服务过程中的言谈话语、行为举止。"宾客之上"、把"尊贵让给客人"应该是服务业各个部门共同的行为准则。

2. 可操作性

服务礼仪是礼仪在服务过程中的具体应用。简便易行、容易操作是服务礼仪的一大特征。它既有总体上的服务礼仪原则、操作规范，又在具体细节上有一系列的方式、方法，细致而周详地对服务礼仪原则、服务礼仪规范加以贯彻，把它们落到实处。服务礼仪因其切实有效、使用可行、规则简明、便于操作，而被人们广泛运用于服务过程中，并得到人们的认可。

3. 灵活性

服务礼仪的规范是具体的，而不是死板的教条，它是灵活的、可变的。服务人员应该在不同的场合，根据交往对象的不同特点，灵活地处理各种情况。

在普及、推广服务礼仪的过程中，强调服务礼仪的规范性、可操作性和灵活性是完全必要的。因为，服务人员只有明确了服务过程中正确做法与不正确做法之间的差别，才能更好地为服务对象进行服务。

（五）服务礼仪的功能

目前，在服务行业内普及、推广服务礼仪，具有多方面的重要意义。

（1）有助于提高服务人员的个人素质。

（2）有助于更好地对服务对象表示尊重。

（3）有助于进一步提高服务水平和服务质量。

(4) 有助于塑造并维护服务单位的整体形象。

(5) 有助于使服务单位创造出更好的经济效益和社会效益。

总而言之,服务行业若是对于普及、推广服务礼仪疏于认识,行动迟缓,迟早会为此而付出沉重的代价。

(六) 服务礼仪的原则

服务礼仪的原则是反映服务礼仪一般规律、对服务礼仪及其运用过程的原则性规定。服务人员学习并掌握了服务礼仪的基本原则,便能更好地领会、运用服务礼仪,并且在实践中将其融会贯通。

1. 职业道德

职业道德是从业人员必须遵循的根本行为准则。服务行业的职业道德是指服务人员在接待自己的服务对象,处理自己与服务对象、自己与所在单位和国家之间的相互关系时所应当遵循的行为准则。由于各种职业所固有的社会性质和社会地位不尽相同,决定了每一种职业在道德上都会有着自身的特殊要求,各行各业都有与本行业的性质相一致的道德准则。例如,经商要有商德,行医要有医德,执教要有师德,从艺要有艺德等。因此,完全可以将职业道德称之为一种高度社会化的角色道德,一种软性的行为规范。

爱岗敬业、忠于职守,这是职业道德有别于其他道德的主要特征。服务人员要做到爱岗敬业,就要努力做到热爱自己所从事的具体职业,热爱自己所在的具体工作岗位;维护本职业的利益,担负本岗位的责任;在工作上认真负责,在技术上精益求精,力求掌握最好的职业技能;勤勤恳恳、踏踏实实,始终如一,不计名利,认真做好本职工作。在服务态度上,必须对自己有一定的、规范化的要求。在我国,对于服务人员在服务态度上的总体要求是热情服务、礼待宾客、以质见长。

对服务行业在经营风格方面的总体要求是:必须切实维护消费者的权益,从而有利于社会的发展与稳定。具体包括货真价实、诚信无欺两个方面。

2. 角色定位

角色定位是指要求服务人员在为服务对象提供服务之前,必须准确地确定好在当时特定的情况下,彼此双方各自扮演何种角色。只有准确地确定了双方各自所扮演的特定角色,服务人员为服务对象所提供的服务才能够比较符合要求和比较到位。它是服务礼仪的基本理论之一。角色定位的内容包括确定角色、设计形象、特色服务、不断调整。

3. 双向沟通

双向沟通理论是以服务人员与服务对象之间相互交流、相互理解、相互合作为基本前提的。没有服务人员与服务对象彼此之间的相互交流、相互理解,服务人员就不可能给服务对象提供令人满意的服务。它是服务礼仪的重要理论支柱之一。

在服务岗位上,只有正确地理解服务对象,服务人员能够以自己的优质服务去充分地满足对方的实际需要。理解服务对象,主要就是要尽可能地掌握服务对象的实际情况与实际需要。

对于人人皆有的正常需要,服务人员比较容易把握;而对于不尽相同的个人的特殊需要,难度较大。这就要求服务人员在做服务工作时,必须对两者给予高度重视,而不能对其完全忽略,或者偏废其一。在服务过程中,服务人员必须认识到,仅有自己对于服务对象的单方面的理解是远远不够的。成功的任何形式的服务,都有赖于服务人员与服务对象在服务过程中彼此之间的相互沟通和理解。

4. 三A法则

在服务礼仪中,三A法则主要是有关服务人员向服务对象表达敬重之意的一般规律。它告诫全体服务人员,想要向服务对象表达自己的敬意,并且能够让对方真正地接受自己的敬意,关键是要在向对方提供服务时,以自己的实际行动去接受对方、重视对方、赞美对方。由于在英文里,接受(Acceptance)、重视(Attention)、赞美(Admiration)都以A字母打头,所以它们又被称为"三A法则"。

1)接受服务对象

接受服务对象,主要应当体现为服务人员对于对方热情相迎,来者不拒。不仅不应该怠慢服务对象,冷落服务对象,排斥服务对象,挑剔服务对象,为难服务对象,而且应当积极、热情、主动地接近对方,淡化彼此之间的戒备、抵触和对立的情绪,恰到好处地向对方表示亲近友好之意,将对方当成自己人来看待。

在服务岗位上尊重消费者,就意味着必须尊重对方的选择。如果要真正将消费者视为自己的"上帝"和"衣食父母",诚心诚意地意识到顾客至上,就应当认可对方、容纳对方、接近对方。在工作岗位上,服务人员对于服务对象的接受,不但是一个思想方法问题,还应当在自己的实际行动上得到贯彻体现。

2)重视服务对象

重视服务对象,是服务人员对于服务对象表示敬重之意的具体化。它主要应当表现为认真对待服务对象,并且主动关心服务对象。服务人员在工作岗位上要真正做到重视服务对象,首先应当做到目中有人,招之即来,有求必应,有问必答,想对方之所想,急对方之所急,充分满足对方的要求,努力为其提供良好的服务;同时,服务人员要做到牢记服务对象的姓名、善用服务对象的尊称、倾听服务对象的要求。

耐心倾听服务对象的要求,本身就会使对方在一定程度上感到满足,其实质就是对被倾听者最大的重视。只有耐心地、不厌其烦地倾听了服务对象的要求或意见,才能充分理解对方的想法,才能更好地为对方服务。

服务人员在倾听服务对象的要求或意见时,切忌弄虚作假,敷衍了事。一般来讲,当服务对象阐明己见时,服务人员理当暂停其他工作,目视对方,并以眼神、笑容或点头来表示自己正在洗耳恭听。如有必要,服务人员还可以主动地与对方进行交流。

3)赞美服务对象

赞美服务对象,实质上就是对对方的接受、重视及肯定。从某种意义上来说,赞美他人实质上就是在赞美自己,就是在赞美自己的虚心、开明、宽厚与容人。从心理上来讲,所有的正常人都希望自己能够得到别人的欣赏与肯定,而且别人对自己的欣赏与肯定是多多益善。一个人在获得别人的赞美时内心的愉悦程度,常常是任何物质享受均难以比拟的。

服务人员在向服务对象提供具体服务的过程中,要善于发现对方所长,并且及时地、恰到好处地对其表示欣赏、肯定、称赞与钦佩。其好处在于:可以争取服务对象的合作,使服务人员与服务对象在整个服务过程中和睦而友善地相处。另外,服务人员在赞美服务对象时,要注意适可而止、实事求是、恰如其分。

5. 首轮效应

首轮效应(首因效应),主要是一个人或一个单位留给他人的第一印象,它实质上是一种有关形象塑造的理论。

首轮效应理论的核心是:人们在日常生活中,初次接触某人、某物、某事时所产生的即刻印象,通常会在对该人、该物、该事的认知方面发挥明显的甚至是举足轻重的作用。对于人际交往而言,这种认知往往直接制约着交往双方的关系,所以服务行业及其全体从业人员应该对其给予高度的关注。

首轮效应的观点对整个服务行业的重要启示有:第一,一家服务单位在创建之初,必须注意认真策划好自己的"初次亮相",以求使社会公众对自己的良好形象先入为主,萌生好感,并且予以认同;第二,服务行业的全体从业人员在面对顾客时,均应力求使对方对自己产生较好的第一印象。只有这样,双方才能和睦相处,不产生摩擦,服务对象才会对服务人员所提供的各项服务满意。

6. 亲和效应

亲和效应,就是人们在交际应酬中,往往会因为彼此之间存在着某些共同之处或近似之处而感到相互之间更加容易接近。而这种相互接近,通常又会使交往对象之间萌生亲切之感,并且更加相互接近,相互体谅。

亲和效应,是以交往对象之间存在着某些共同之处或近似之处为基础的,离开了这一基础,交往对象便往往难以因感觉亲近而相互认同。反之,交往对象之间的共同之处或近似之处越多,双方便更加易于感觉亲近,并相互认同。例如,生活在同一地理区域之内的人,在语言、饮食、服饰、性情乃至职业方面,大都有着许多相近之点。中国有一句老话——"老乡见老乡,两眼泪汪汪",就是以交往对象之间存在着一定的共同之点为前提的。

亲和效应在人际交往的过程中逐渐形成之后,往往会在交往对象之间产生一种无形的凝聚力和向心力,就是人们平常所提及的亲和力。

服务行业、服务人员与服务对象,尤其是常来常往的服务对象彼此之间形成亲和力,在当前无疑是非常有必要的。要做到这一点,特别要注意待人如己、出自真心、不图回报。

7. 末轮效应

在人际交往过程中,人们所留给交往对象的最后的印象通常也是非常重要的。在许多情况下,它往往是一个单位或某一个人所留给交往对象的整体印象的重要组成部分,甚至直接决定着该单位或个人的整体形象是否完美,以及完美的整体形象能否继续得以维持。核心思想是要求人们在塑造单位或个人的整体形象时,必须有始有终、善始善终、始终如一。所以,它特别主张在人际交往的最后环节,争取给自己的交往对象最后留下一个尽可能完美的印象。

根据人际交往的一般规律,在人们与其他人或其他事物的初次接触、交往中,对于第一印象比较重视;而当人们与其他人或其他事物进行过一段接触、交往之后,则对最终印象尤为看重。所以,服务行业与服务人员都要特别注意,在为服务对象进行服务的整个过程之中,如欲给对方留下完美的印象,不仅要注意给对方留下良好的第一印象,而且也要注意给对方留下良好的最终印象,两者缺一不可。运用末轮效应理论,应关注抓好最后环节、做好后续服务等工作。

8. 零度干扰

服务行业与服务人员在向服务对象提供具体服务的一系列过程中,必须主动采取一切行之有效的措施,将对方所受到的一切有形或无形的干扰,积极减少到所能够达到的极限,也就是要力争达到干扰为零的程度。它是服务礼仪的一种重要的支柱型理论,其主旨就是要求服务行业与服务人员在服务过程中,为服务对象创造一个宽松、舒畅、安全、自由、随意的环境,使对方在享受服务的整个过程里,尽可能地保持良好的心情,让对方始终能够逛得惬意,选得满意,买得称心。在进行消费的同时,令对方真正可以获得精神上的享受。总体而言,零度干扰理论的核心,就是要使服务对象在服务过程中所受到的干扰越少越好。

贯彻落实零度干扰理论应注意以下问题。

1)创造无干扰环境

任何一个服务场所的周边环境,或多或少地都对服务对象构成一定的影响。在某种程度上,服务场所的周边环境,实际上也是整体服务的有机要素之一。为服务对象创造无干扰的周边环境,主要需要服务行业与服务人员应注意讲究卫生、重视陈设和装潢、限制噪声、注意气象条件、注意光线与色调。

2)保持适度的距离

人际距离,一般是指人与人所进行的正常交往中,交往对象彼此之间在空间上所形成的间隔,即交往对象之间彼此相距的远近。在不同的场合和不同的情况下,交往对象之间的人际距离通常会有不同的要求。心理学实验证明:人际距离必须适度。人际距离过大,容易使人产生疏远之感;人际距离过小,则又会使人感到压抑、不适或被冒犯。总之,人际距离过大或过小均为不当,它们都是有碍于正常的人际交往的。

(1)服务距离。它是服务人员与服务对象之间所保持的一种最常规的距离。在一般情况下,服务距离以 0.5m～1.5m 之间为宜。至于服务人员与服务对象之间究竟是要相距近一些还是远一些,则应视服务的具体情况而定。

(2)展示距离。它是服务距离的一种较为特殊的情况,是指服务人员需要在服务对象面前进行操作示范,以便使服务对象对于服务项目有更直观、更充分、更细致的了解。进行展示时,服务人员既要使服务对象看清自己的操作示范,又要防止对方对自己的操作示范有所妨碍或遭到误伤。因此,展示距离以 1m～3m 之间为宜。

(3)引导距离。它是指服务人员在为服务对象带路时彼此之间的距离。根据惯例,在引导时,服务人员行进在服务对象左前方 1.5m 左右是最为适当的。此时,服务人员与服务对象之间相距过远或过近,都是不允许的。

(4)待命距离。它是指服务人员在服务对象尚未传唤自己、要求自己为之提供服务时,必须与对方自觉保持的距离。在正常情况下,它应当是在 3m 之外。只要服务对象视线所及,可以看到自己即可。服务人员主动与服务对象保持这种距离的目的在于不影响服务对象对服务项目的浏览、斟酌或选择。

(5)信任距离。它是指服务人员为了表示自己对服务对象的信任,同时也是为了使对方对服务的浏览、斟酌、选择或体验更为专心致志而采用的一种距离。采取此种距离时,必须避免:一是不要躲在附近,似乎是在暗中监视服务对象;二是不要去而不返,令服

9

务对象在需要服务人员帮助时找不到任何人。

此外,服务人员还应了解自己在工作岗位上的禁忌距离。禁忌距离,是指服务人员在工作岗位上与服务对象之间应当避免出现的距离。这种距离的特点,是双方身体相距过近,甚至有可能直接发生接触,即小于0.5m。这种距离,多见于关系极为亲密者之间。若无特殊理由,服务人员千万不要主动采用。

3)无干扰的热情服务

无干扰的热情服务,主要指真正受到服务对象所欢迎的服务人员的热情服务,必须既表现得热烈、周到、体贴、友善,同时又能够善解人意,为服务对象提供一定的自由度,不至于使服务对象在享受服务的过程中,受到服务人员无意中的骚扰、打搅、纠缠或者影响。从根本上来讲,要求服务人员在向服务对象提供热情服务时,必须同时具有对对方无干扰的意识,实际上就是要求服务人员在服务过程中谨记热情有度。

自我检测

1. 礼貌、礼节、礼仪的概念,三者之间的区别与联系是什么?
2. 礼仪的基本原则主要包括哪些内容?
3. 服务礼仪的特征及功能有哪些?

单元二　基本仪容礼仪

教学目标

通过本单元的学习,应该掌握服务人员仪容的具体规范,并注重服务仪容礼仪在服务工作中的运用。

教学内容

(1) 面部修饰的基本规范:眼、口、鼻、耳、颈部的修饰。
(2) 肢体修饰规范:手臂修饰规范、腿脚修饰规范。
(3) 头发修饰规范:发部造型、发部美化。
(4) 化妆修饰规范:化妆的基本原则。

教学方法

本单元为理论与实践技能学习,以教师讲授与学生练习相结合为主要学习方式。

相关知识与技能

仪容主要是指人的容貌。在服务行业中,服务人员的个人仪容是最受服务对象重视的部位,服务行业虽然不必要求每位服务人员都是俊男靓女,但是至少应当要求五官端正,不存在明显的缺陷。总之,服务行业有必要将服务人员的容貌端正与否上升到维护企业整体形象的高度来考虑。美好的仪容,既反映了个人爱美的意识,又能体现对他人的一种礼貌;既振奋了自己的精神,又表现了个人的敬业。

服务仪容礼仪的重心应放在面部修饰、肢体修饰、发部修饰、化妆修饰四个方面。

一、面部修饰

(一)眼部的修饰

1. 眼部的保洁

眼部的保洁最重要的是要及时除去眼角出现的分泌物,若眼睛患有传染病,都必须及时治疗,休息,绝不可直接与顾客接触。

2. 眉部的修饰

若感到自己的眉形刻板或不雅观,可适当地进行修眉、画眉或者纹眉,但是要注意眉形眉色的自然、美观,不能标新立异。在洗脸、化妆及其他可能的情况下,服务人员要特别留意自己的眉部是否整洁,以防止在眉部出现诸如灰尘、死皮或脱落的眉毛等异物。

3. 眼镜的佩戴

一般来说,饭店的服务人员不宜佩戴眼镜,但其他服务行业人员,如导游、管理人员等因矫正视力,追求时尚美,戴与不戴没有严格的要求。若工作时允许佩戴眼镜,应注意三点:第一,眼镜的选择。眼镜除了使用以外,还必须注意其质量是否精良,款式是否适合本人;第二,眼镜的清洁。一定要坚持每天擦拭眼镜以保持镜片的清洁,还应定期对镜架进行清洗;第三,墨镜的戴法。墨镜即太阳镜,它主要适合室外活动时佩戴,以防紫外线伤害眼睛。若在室内工作时佩戴墨镜面对客人,则是对客人不恭敬的表现。

(二)口部修饰

1. 刷牙

口部修饰的首要之务是注意口腔卫生,刷牙既要采用正确的刷牙方式,更要贵在坚持。正确有效地刷牙要做到"三个三":每天刷三次牙,每次刷牙宜在餐后 3min 进行,每次刷牙的时间不应少于 3min。

2. 禁食

为防止因为饮食的原因而产生口腔异味,服务人员在工作岗位上,应避免食用一些气味过于刺鼻的饮食,如葱、蒜、韭菜、腐乳、虾酱、烈酒及香烟。

3. 护唇

服务人员平时应有意识地呵护自己的嘴唇,要想方设法不使自己的唇部干裂、爆皮或生疮。另外,还应避免嘴边、嘴角残留食物。

4. 剃须

男性服务人员应坚持每日上班之前剃须,这样既令自己显得精明强干,又充满阳刚之气。切忌胡子拉碴地在工作岗位上抛头露面。

（三）鼻部的修饰

1. 鼻垢的清理

服务人员有必要去除鼻垢时,宜在无人场合以手帕或纸巾辅助轻声进行,不要当众擤鼻涕、挖鼻孔或者乱抹、乱弹鼻垢,同时男性服务人员要注意及时修剪鼻毛。

2. "黑头"的清理

油性皮肤的人鼻部周围往往毛孔较为粗大,若清洁面部时对此不加注意,便会在此处积存油脂或污垢,即"黑头"。在清理这些有损个人形象的"黑头"时,可用专门的"鼻贴"将其处理掉,切勿乱挤乱抠,以免造成局部感染。

（四）耳部、颈部修饰

1. 耳部的卫生

在洗澡、洗头、洗脸时,服务人员要注意清洗一下耳朵,及时清除耳孔中不洁的分泌物,但一定要注意,此举不宜在工作岗位上进行。

2. 耳毛的修剪

有的人由于个人生理原因,耳孔周围会长出一些浓密的耳毛,服务人员一旦发现自己有此类情况,应及时进行修剪。

3. 颈部的修饰

颈部是人体最易显现年龄的部位,因此在进行眼、嘴、鼻、耳修饰的同时,也要像修饰脸部一样修饰脖颈,保持颈部皮肤的清洁,并加强颈部的运动与营养按摩,以使颈部皮肤紧绷、光洁动人。

二、肢体修饰

（一）手臂的修饰

手臂即上肢,是工作中使用最为频繁的身体部位。在服务工作中,手臂通常被视为服务人员的"第二脸面",一双保养良好、干净秀美的手臂,往往会给服务操作增添美感与协调。服务人员在修饰自己的手臂时,经常需要注意的问题如下。

1. 手臂的保洁

手是常常露在服饰之外的,比较容易受到细菌和污垢的污染。在工作岗位上,每一位服务员都要谨记双手务必做到"六洗":

（1）上岗之前要洗手;

（2）外出归来要洗手,使手臂无污痕、干干净净;

（3）弄脏之后要洗手;

（4）接触精密物品前要洗手;

（5）上过卫生间后要洗手;

（6）下班之前要洗手。

在一些特殊的工作岗位上服务时,为了卫生保洁起见,还必须戴上未用过的手套。

2. 手臂修饰

为了增添美感,服务人员对手部、手臂在注意清洁保养的同时要进行必要的修饰。服务人员在工作岗位上的修饰,应以朴素庄重为美,而不应艳丽、怪诞,否则就与自身特定的社会角色不相称。

1）勤剪指甲

服务人员的手指甲通常不宜长过其指尖,要养成"三日一修剪,一日一检查"的良好习惯,并且还要做到坚持不懈。从卫生角度讲,留长指甲有弊无利。在修剪指甲时,还应注意剪除指甲周围因手部接触肮脏之物后而形成的死皮。

2）不在指甲上涂饰彩妆

无色和自然肉色指甲油,能增强指甲的光洁度和色泽感,可以适当涂抹一点,但若非美容沙龙的美容师或专业化妆品营销人员,一般服务人员不宜在手指甲上涂抹彩色指甲油或者进行艺术美甲。色彩过于鲜亮（如橘红色、朱红色等）或过于凝重（如黑色、灰色等）的指甲油对多数职业女性是不适宜的,也不宜在手背、胳膊上使用贴饰、刺字或者刻画纹绣等。

3）不外露腋毛

一般而言,服务人员大都不会以肩部暴露的服装作为工作装。若因工作特殊需要,必须穿着肩部外露的服装上岗服务时,上班前最好剃去腋毛,腋毛外露极不雅观。

（二）腿脚的修饰

在人际交往中,人们观察一个人常有"远看头,近看脚"的习惯。因此,在人际交往中除了要慎重地对待下肢服饰的选择与搭配外,还要注意下肢的保洁与适当修饰。

服务人员要勤洗脚、勤换袜子,不准许男士着装暴露腿部,女性也要尽量少光腿穿短裤和超短裙。在比较正式的场合,不宜赤脚穿鞋,不能穿凉鞋和拖鞋。夏天如穿裙子或短裤使双腿外露时,女士最好将腿毛去除或穿上深色而不透明的袜子。

三、发部修饰

头发位于人体的"制高点",是一个人被注视的重点,因此修饰仪容应从头做起。

要保持头发的整洁:一要勤于清洗,每周至少清洗头发两三次;二要勤于修剪,在正常情况下,服务人员通常应当每半个月左右修剪一次头发,至少也要保持每月修剪一次;三要勤于梳理。应注意在下述情况下自觉梳理头发:一是出门上班前;二是换装上岗前;三是摘下帽子时;四是下班回家时。梳发时,还应注意:梳头不宜当众进行,应避开外人;梳头不宜直接用手,最好随身携带一把梳子;梳理的断发和头屑不可随手乱扔和乱拍撒。

（一）发部的造型

在选择发型时,必须考虑的因素首先是自己的职业,即应以工作为重,做到发型和工作性质相称。

1. 男女有别,适中为度

对服务人员总的要求是:长度适中,以短为主。

男性服务员头发不能过长,前发不覆额,侧发不掩双耳,后发不及衣领,不留大鬓角,也不能剃光头。女性服务员头发不宜长于肩部,不宜挡住眼睛,长发过肩者最好采取一定的措施,在上岗之前将长发盘起,束起或编起,或者是置于工作帽之内,不可披头散发。

2. 发型选择应与自己的脸型相协调

发型与脸型关系特别密切,人的脸型有长、方、圆、尖、凹、鼓、凸等,发型的好坏,关键在于对人的脸型是否合适,例如:圆脸合适的发型应该是把圆的部分盖住,显得脸长一些。最好是一样长度的头发和不要在中间分缝。千万不要分层剪头发,因为它贴在脸上,使脸看上去更大。方脸形做发型时,应注意柔和发型,可留长一点的发型,如长穗发、长毛边或秀芝发型,长直披发不宜留短发;发型的内轮廓要对脸型有部分遮挡,以减弱方的感觉。总之,选择发型,应根据自己的特点,扬长避短,显美藏拙,而不要生搬硬套。

(二)发部的美化

美发通常包括护发、烫发、染发和佩戴假发、发饰、帽子等。不论采用哪种方法,都要注意美观大方、自然得体。染发的颜色要接近头发的本色,选择具体发型时,切记不要将头发烫得过于繁乱、华丽、美艳,以免在顾客面前造成"喧宾夺主"的不良影响。只有在头发出现掉发、秃发时,才适于佩戴假发,以弥补自己的缺陷。另外,女性服务员在工作中以不戴或少戴发饰为宜,即使允许戴发饰,也仅仅是为了用以"管束"头发,而不是意在过分打扮。

四、化妆修饰

服务人员的化妆,从本质上讲是一种工作妆,与一般人平时所化的生活妆有着不同的要求。

(一)淡雅

淡雅,即服务人员在工作时,一般只化淡妆,即自然妆。重要的是要自然大方、朴实无华、素净雅致,化妆之后没有明显的痕迹,这样才与自己特定的身份相称,才会被服务对象认可。

(二)简洁

工作妆应以简单明了为本。一般情况下,服务人员化妆修饰的重点,主要是嘴唇、面颊和眼部,对于其他部位可以不予考虑。

(三)适度

服务人员应根据具体的工作性质来决定化不化妆和如何化妆。例如,在某些对气味有特殊要求的餐饮工作岗位上,服务人员通常不宜采用芳香的化妆品,如香水、香粉、香蜡等。

(四)协调

化妆各部位要整体协调,强调整体效果,如唇彩和甲彩呼应,颜色一致;唇彩和衬衫或主色调相同。

(五)避短

服务人员在化妆时,要扬长避短。扬长,即适当地展示自己的优点;避短,即巧妙地掩饰自己的短处,适度矫正和弥补面部自然特征的某些不足。工作妆重在避短,而不在于扬长,因为过分强调扬长,则有自我炫耀之嫌,易引起顾客反感。

(六)庄重

在化妆时服务人员要注意对本人进行正确的角色定位,社会各界所希望看到的服务人员的化妆应以庄重为主要特征。服务人员若在上班时采用如晒伤妆、舞台妆、宴会妆等,则会使人觉得轻浮随便、不务正业。

自我检测

1. 男员工上岗前头发修饰应注意什么?
2. 女员工上岗前头发修饰应注意什么?

3. 女员工上岗前化妆有哪些基本原则？
4. 对着镜子根据脸型为自己进行发型设计。实训小组内的成员互相评议打分。

单元三　基本仪态礼仪

教学目标

掌握服务人员的静止及行进仪态规范，并注重服务仪态礼仪的运用，学后可掌握酒店门迎工作、机场 VIP 的迎机工作等服务技能。

教学内容

静止和服务状态下的站姿、坐姿、蹲姿规范。

教学方法

本单元为实践技能学习，学生分组在形体训练室由指导教师指导学习。

相关知识与技能

一、仪态礼仪

仪态美即姿势、动作的美，是人体具有造型性因素的静态美和动态美。培根说："相貌的美高于色泽的美，而秀雅合适的仪态美又高于相貌的美。"这是因为姿势比相貌更能表现人的精神气质。仪态主要表现在站、行、蹲、坐的姿势等。

（一）站姿礼仪

站姿是静态的造型动作，是其他动态美的起点和基础。古人主张"站如松"，就说明良好的站立姿势应该给人一种挺、直、高的感觉。

1. 规范的站姿

（1）头正。头要端正，两眼平视前方，嘴微闭，直颈，下颌微向后收；表情自然，稍带微笑。

（2）肩平。两肩平正，微微放松，稍向后下沉。

（3）臂垂。两肩平整，两臂自然下垂，手指自然弯曲；中指对准裤缝。

（4）躯挺。胸部挺起，腹部往里收，腰部正直，臀部向内向上收紧。

（5）腿并。立直，两腿要直，贴紧，膝盖放松，大腿稍收紧上提；身体重心在脚掌前部，重心应尽量提高。女子站立时，脚应呈 V 字形，膝和脚后跟应靠紧；两脚尖夹角45°～60°。

2. 服务工作中的站姿

在服务工作中，主要有以下站姿。

1）通用站姿——侧放式站姿

侧放式站姿是男女服务人员通用的站立姿势,其要领是,头部抬起,面部转向正前方,双眼平视,下颌微微内收,颈部挺直,双肩放松,呼吸自然,腰部直立。双臂自然下垂,处于身体两侧,中指指尖对准裤缝,手部虎口向前,手指少许弯曲,呈半握拳状,指尖向下,双腿立正并拢,双膝与双脚的跟部紧靠,双脚尖呈V字形分开,相距约一个拳头的宽度,注意提起髋部,身体重量应平均分布在两腿上(图1-1)。

图1-1 侧放式站姿

2）男士站姿一——叉手式站姿

两手在腹前交叉,右手搭在左手上,直立,双脚分开,两脚之间的距离最好不要超过20cm。这是一种常用的接待站姿,端正中略有自由,郑重中略有放松。在站立中身体的重心可以在两脚间自由转换,以减轻疲劳(图1-2)。

3）男士站姿二——后背式站姿

双手轻握在后背腰处,两腿稍分开,两脚平行,两脚之间的距离比肩略窄一些。这种站姿适用于门童和保卫人员。它优美中略带威严,易产生距离感,但又能体现对客人的尊重(图1-3)。

图1-2 叉手式站姿　　　　　　　　图1-3 后背式站姿

4) 男士站姿三——背垂手站姿

一只手背在后面,贴在臀部,另一手自然下垂,手自然弯曲,中指对准裤缝,两脚可以分开也可以并拢。

5) 女士站姿一——前腹式站姿

双手在腹前交叉,右手搭在左手上,贴在小腹上,两脚分开呈 V 形,脚跟靠拢,两膝并拢(图 1-4)。

图 1-4　前腹式站姿

6) 女士站姿二——丁字式站姿

双手在腹前交叉或单手贴于前腹,一脚在前,将脚跟靠于另一脚内侧,两脚尖向外略开成 60°,形成斜写的一个"丁"字,身体重心在两脚上(图 1-5)。

图 1-5　丁字式站姿

不良的站姿主要有探脖、斜肩、弓背、挺腰、撅臀,以及双手叉腰、双臂抱在胸前、两手插入口袋、身体斜靠其他物体等。

(二)行姿礼仪

行姿(图 1-6)属于动态美,它历来为世人所重视。所谓"行如风",就是用风行于水

图 1-6 行姿

上的那种轻快自然来形容轻松自如的优美步态。

1. 规范的行姿

正确的行姿要求"行如风"是：身体协调，姿势优美，步伐从容，步态平稳，步幅适中，步速均匀，走成直线。服务人员在行进时，应当特别关注下述五个主要环节。

1）方向明确

在行走时，必须要保持明确的行进方向，尽可能地使自己犹如在一条直线上行走，这样会给人以稳重之感。具体的方法是：行走时，应以脚尖正对着前方，形成一条虚拟的直线；每行进一步，脚跟都应当落在这一条直线上。

2）步幅适度

服务人员在行进时，最佳的步幅应为本人的一脚之长，即行进时所走的一步，应当与本人一只脚的长度相近。男子每步约40cm，女子每步约36cm；个子高的人步幅会大些，个子矮的人步子会小些，步幅和身高应成正比。

3）速度均匀

人们行进时的具体速度，通常称为步速。对服务人员而言，一般应当使其保持相对稳定，而不宜过快或过慢，或者忽快忽慢，一时间变化过大。一般认为，在正常情况下，服务人员在每分钟之内走60步~100步都是比较正常的。

4）重心放准

起步时，身体需向前微倾，身体的重量要落在前脚掌上。在行进的整个过程中，应注意使自己身体的重心随着脚步的移动不断地向前过渡。

5）造型优美

行进时，保持自己整体造型的优美，是服务人员不容轻视的问题之一。要使自己在行进中保持优美的身体造型，就一定要做到昂首挺胸，步伐轻松而矫健。其中最为重要的是，行走时应面对前方，两眼平视，挺胸收腹，直起腰、背，伸直腿部，使自己的全身从正面看上去犹如一条直线。

2. 不良行姿

在工作岗位上，服务人员应当纠正的常见的错误行进姿势有八种。

（1）行进中摇头晃脑，左顾右盼。

（2）重心前倾，步态不稳或重心后坐，步态拖沓。

(3) 抢道先行。行进时,要注意方便和照顾他人,通过人多路窄之处务必要讲究"先来后到",对他人"礼让三分",让人先行。

(4) 阻挡道路。在道路狭窄之处,悠然自得地缓慢而行,甚至走走停停,或者多人并排而行,显然都是不妥的。服务人员还须切记,一旦发现自己阻挡了他人的道路,务必要闪身让开,请对方先行。

(5) 蹦蹦跳跳。服务人员务必要注意保持自己的风度,不宜使自己的情绪过分地表面化,如激动起来,走路便会连蹦带跳。

(6) 奔来跑去。有急事要办时,服务人员可以在行进中适当加快步伐。但若非碰上了紧急情况,则最好不要在工作时跑动,尤其是不要当着服务对象的面突如其来地狂奔而去,那样通常会令其他人感到莫名其妙,产生猜测,甚至还有可能造成过度紧张气氛。

(7) 制造噪声。服务人员应有意识地使行走悄然无声。其做法:一是走路时要轻手轻脚,不要在落脚时过分用力,走得"咚咚"直响;二是上班时不要穿带金属鞋跟或钉有金属鞋掌的鞋子;三是上班时所穿的鞋子一定要合脚,否则走动时会发出"吧嗒吧嗒"的令人厌烦的噪声。

(8) 步态不雅。"外八字步"或"内八字步"(鸭子步),步履蹒跚,腿伸不直,脚尖首先着地等不雅步态,要么使行进者显得老态龙钟,有气无力,要么给人以嚣张放肆、矫揉造作之感。

(三) 蹲姿礼仪

蹲是由站立的姿势转变为两腿弯曲和身体高度下降的姿势。在一般情况下,蹲姿不像站姿、行姿、坐姿那样使用频繁,因而往往被人所忽视。如果一位衣冠楚楚的先生或女士,当一件东西掉在地上,在众目睽睽之下很随便地猫腰撅臀,把东西捡起来,这种姿势显得非常不雅,即使两腿展开,平衡下蹲也不美观。在服务行业,服务人员所采用的蹲姿,往往只是在比较特殊的情况下采用的一种暂时性体态。

1. 适用情况

在服务行业,一般只有遇到下述几种比较特殊的情况时,才允许服务人员在其工作中酌情采用蹲姿。

(1) 整理工作环境。在需要对自己的工作岗位进行收拾、清理时,可以采取蹲的姿势。

(2) 给予客人帮助。需要以下蹲姿帮助客人时,如与一位迷路的儿童进行交谈时,可以这样做。

(3) 提供必要服务。当服务人员为客人服务而又必须采用下蹲姿势时。例如,当客人坐处较低,以站立姿势为其服务既不方便,又显得高高在上,不礼貌,此时可改用蹲姿。

(4) 捡拾地面物品。当本人或他人的物品落到地上,或需要从低处拿起来时,不宜弯身捡拾拿取,面向或背对着他人时这么做,则更为失仪,此刻,采用蹲的姿势最为恰当。

(5) 自己照顾自己。有时,服务人员需要照顾一下自己,如整理一下自己的鞋袜,也可以采用蹲的姿势。

2. 标准蹲姿

1）高低式蹲姿

男性选用这一蹲姿往往更为方便，女士也可选用这种蹲姿。这种蹲姿的要求是：下蹲时，双腿不并排在一起，而是左脚在前，右脚稍后。左脚应完全着地，小腿基本上垂直于地面；右脚则应前脚掌着地，脚跟提起。此刻右膝低于左膝，右膝内侧可靠于左小腿的内侧，形成左膝高右膝低的姿态。臀部向下，基本上用右腿支撑身体（图1-7）。

2）交叉式蹲姿

交叉式蹲姿主要适用于女性，尤其是适合身穿短裙的女性在公共场合采用。这种蹲姿的要求是：下蹲时，右脚在前，左脚在后，右小腿垂直于地面，全脚着地右腿在上，左腿在下，二者交叉重叠；左膝由后下方伸向右侧，左脚跟抬起，左前脚掌着地；两脚前后靠近，合力支撑身体；上身略向前倾，臀部朝下（图1-8）。

图1-7 高低式蹲姿　　　　　　　　图1-8 交叉式蹲姿

3）半蹲式蹲姿

半蹲式蹲姿一般是在行走时临时采用。它的正式程度不及前两种蹲姿，但在需要应急时也采用。基本特征是身体半立半蹲。主要要求是：在下蹲时，上身稍许弯下；臀部务必向下，而不是撅起；双膝略为弯曲，角度一般为钝角；身体的重心应放在一条腿上；两腿之间不要分开过大。

4）半跪式蹲姿

半跪式蹲姿又称单跪式蹲姿，它也是一种非正式蹲姿，多用在下蹲时间较长时。双腿一蹲一跪。主要要求是：在下蹲后，改为一腿单膝点地，臀部坐在脚跟上，以脚尖着地；另外一条腿，应当全脚着地，小腿垂直于地面。双膝应同时向外，双腿应尽力靠拢。

3. 注意事项

（1）不要突然下蹲。蹲下时，速度切勿过快。当自己在行进中需要下蹲时，必须牢记这一点。

（2）不要距人过近。在下蹲时，应与他人保持一定的距离，与他人同时下蹲时，更不能忽略双方之间的距离，以防彼此迎头相撞。

（3）不要方位失当。在他人身边下蹲,尤其是在服务对象身旁下蹲时,最好是与之侧身相向,正面面对他人或者背部对着他人下蹲,通常都是不礼貌的。

（4）不要随意滥用。在服务过程中,若在毫无必要的情况下采用蹲姿,只会给人虚假造作之感。另外,不可蹲在椅子上,不可蹲着休息。

总之,下蹲时一定不要有弯腰、臀部向后撅起的动作;切忌两腿叉开,两腿展开平衡下蹲,以及下蹲时,露出内衣裤等不雅的动作。

（四）坐姿礼仪

标准坐姿是指人在就坐以后身体所保持的一种姿态,也是一种静态的身体造型,是服务礼仪交往和工作中采用较多的一种姿势。坐姿要根据凳面的高低及有无扶手与靠背来调整,并注意两手、两腿、两脚的正确摆法,典型的坐姿有如下几种。

1. 典型的坐姿

1）通用坐姿一——正襟危坐式坐姿

适合于最正规的场合,如谈判、会谈、签字仪式等,上身与大腿、大腿与小腿均为直角,膝盖和脚跟并拢。要求:男士就座后,双腿可张开一些,但不应宽过肩。女士就座后,特别是身着短裙时,必须并拢大腿。双手轻放于膝盖上,嘴微闭,面带微笑,两眼凝视说话对象（图1-9）。

2）通用坐姿二——双脚交叉式坐姿

它适用于各种场合,男女皆可选用。要求:双膝并拢,双脚在踝部交叉,交叉后的双脚可以内收,也可以斜放,但不宜向前方远远直伸出去。在公车上或自己的办公桌前,都可以采取这种坐姿（图1-10）。这种坐姿感觉比较自然,但随时都要注意膝盖不可分开。

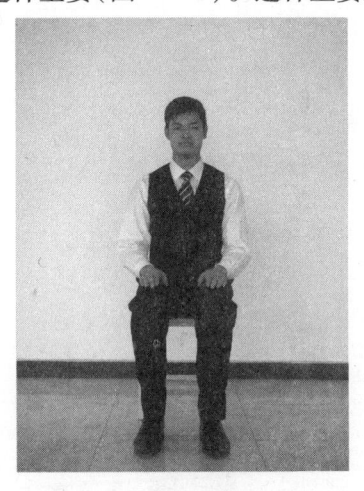

图1-9　正襟危坐式坐姿　　　　　图1-10　双脚交叉式坐姿

3）通用坐姿三——双脚内收式坐姿

适合一般场合,男女皆宜。要求:两大腿首先并拢,双膝略打开,两条小腿分开后向内侧屈回（图1-11）。

4）女士坐姿一——双腿叠放式坐姿

它适用于女士,尤其是穿短裙子的女士。这种坐姿极为优雅,有一种大方高贵之感。

要求:将双腿完全一上一下交叠,交叠后的两腿之间没有任何缝隙,犹如一条直线。两脚可自然斜放或直放(可依椅子的高度决定),斜放后的腿部与地面成45°夹角,叠放在上的脚尖垂向地面(图1-12)。

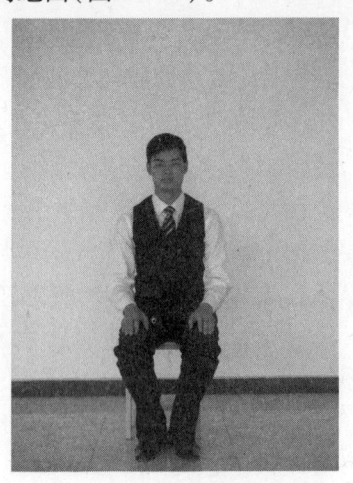

图1-11 双腿内收式坐姿　　　　图1-12 双腿叠放式坐姿

5) 女士坐姿二——双腿斜放式坐姿

坐在较低的椅子上时,双脚如果垂直放置,膝盖可能会高过腰,较不雅观,这时最好将两脚斜放,这也是坐在沙发上的基本型。特别适用于穿裙子的女性在较低处就座使用。

要求:双膝先并拢,然后双脚向左或向右斜放,力求使斜放后的腿部与地面成45°角(图1-13)。

6) 女士坐姿三——前伸后屈式坐姿

前伸后屈式坐姿是女性适用的一种优美的坐姿。要求,大腿并紧之后,向前伸出一条腿,并将另一条腿屈后,两脚脚掌着地,双脚前后要保持在同一条直线上,适用于非正式场合(图1-14)。

图1-13 双腿斜放式坐姿　　　　图1-14 前伸后屈式坐姿

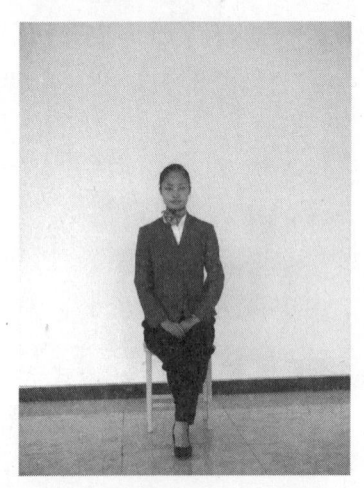

2. 入座后的注意事项

1）就座时的不良习惯

(1) 脊背弯曲、耸肩驼背。

(2) 瘫坐在椅子上或前俯后仰,摇腿跷脚,脚跨在椅子或沙发的扶手上,架在茶几上。

(3) 上身趴在桌椅上或本人的大腿上。

(4) 双脚大分叉或呈八字形,女士就座不可翘二郎腿,要把双膝靠紧。

(5) 脱鞋或两鞋在地上蹭来蹭去。

(6) 坐下时,手中不停地摆弄东西,如头发、戒指、手指等。

2）坐姿中腿的不当表现

(1) 双腿叉开过大。不论大腿叉开还是小腿叉开,都非常不雅。特别是身穿裙装的女士更不要忽略了这一点。

(2) 架腿方式欠妥,坐后将双腿架在一起。正确的方式应当是:两条大腿相架,并且一定使两腿并拢。如果把一条小腿架在另一条大腿上,两者之间还留出大大的空隙,就显得有些放肆了。

(3) 双腿直伸出去。那样既不雅,也妨碍别人。身前如果有桌子,双腿尽量不要伸到外面来。

(4) 将腿放在桌椅上。有人为图舒服,喜欢把腿架在高处,甚至抬到身前的桌子或椅子上,这样的行为是非常粗野的。把腿盘在座椅也不妥。

(5) 腿部抖动摇晃。坐在别人面前,反反复复地抖动或摇晃自己的腿部,不仅会让人心烦意乱,而且也给人以极不安稳的印象。

3）坐姿中脚的不当表现

(1) 脚尖指向他人。无论采用哪一种坐姿,都不以本人的脚尖指向别人,因为这一做法是非常失礼的。

(2) 脚尖高高翘起。坐下后,如以脚部触地,通常不允许以脚跟接触地面,将脚尖翘起,特别是不能双脚都这样。

(3) 脚蹬踏他物。坐下后,脚要放在地上,如果用脚在别处乱蹬乱踩,那是非常失礼的。

(4) 以脚自脱鞋袜。脱鞋脱袜属于"卧房动作",在外人面前就坐时用脚自脱鞋袜,显然有损形象。

4）坐姿中手的不当表现

(1) 手触摸脚部。就坐后用手抚摸小腿或脚部是既不卫生,又不雅观的。

(2) 双手抱在腿上。双手抱腿,本是一种惬意、放松的休息姿势,但在工作中是不可取的。

(3) 将手夹在腿间。就坐后,将双手夹在两腿之间,会令其显得胆怯或害羞。

(4) 手部支于桌上。用双肘支在前面的桌上或上身伏在桌上,对周围的人显然不够礼貌。

(五) 常用的几种引导手势

手势的规范标准是:手指伸直并拢,掌心斜向上方,手与前臂成一条直线,肘关节自然弯曲(以肘关节为轴,弯曲140°左右,手掌与地面基本上形成45°);手势上不要超出对方视线,下不要低于胸区;手势的左右摆动范围不要太宽。与服务对象交谈时,手势不宜过多,动作不宜过大。介绍某人或为服务对象引路指示方向时,掌心向上,四指并拢,大拇指张开,以肘关节为轴,前臂自然上抬伸直。指示方向时,上身稍向前倾,面带微笑,自己的眼睛看着目标方向,并兼顾客人是否意会到目标。

(1) 横摆式。用于引导表示"请"时的手势(注:手位的高度齐腰高)。

(2) 斜摆式。请对方落座的手势(注:座位在哪儿,手势就应指到哪儿)。

(3) 直臂式。(专业引导手势)适用于给对方指引方向(注:手臂伸直与肩同高)。

(4) 曲臂式。适用于单手持物或扶门时用,需向对方做"请"的手势。

(5) 双臂式。适用于面对众多人做"请"的手势。

二、面部表情

面部表情是眼睛、眉毛、嘴巴、鼻子、面部肌肉以及它们的综合运动所表现出的心理活动和情感信息。面部的每一个微小动作,如一块肌肉的细微变化,眨一下眼睛或皱皱眉,都在表达一个人情感的表情。

(一) 面部表情的作用

1. 从面部表情看人的性格、地位、道德情操

性格外向的人,喜怒哀乐易明显表现在脸上;性格内向的人,一般面部表情比较沉郁,不易看出心理变化;地位高的人,一般的印象威严感强些;而无教养的人,一般给人放肆的印象。但这样的区分也不是绝对的。

2. 从面部表情看人的心理

不同的面部表情表现出人的不同心理。例如,与人交谈忽然皱眉掩嘴,这可能表示对对方有戒心,但又不愿被对方看破或表示不愿接近对方;做出下颚上抬、鼻子欲挺出的动作,一般表示傲慢;耸鼻,以鼻孔对视对方,则表示鄙视;交谈时摸耳垂,表示准备插话或讨厌对方。

所以,从面部表情的微妙变化便可以窥探人的内心,从而提高洞察力。而了解面部表情的作用后,便可规范自己的面部表情,使之符合礼仪。

(二) 面部表情的重点

1. 眼神

眼神,指的是人们在注视时眼部所进行的一系列活动及所显现的神态。如果说面部是"心灵的镜子",那么眼睛就是"心灵的窗户","一身精神,具乎两目"。在人的体态语言中,眼睛最能倾诉感情,沟通心灵。眼神的千变万化,表露着人们丰富多彩的内心世界。美国作家爱默生曾说:"人的眼睛和舌头所说的话一样多,不需要字典,却能够从眼睛的语言中了解整个世界。"印度诗人泰戈尔也说:"一旦学会了眼睛的语言,表情的变化将是无穷无尽的。"

服务人员在学习、训练眼神时,主要应当注意以下几个方面。

1) 注视的部位

在服务时,可以注视对方的常规部位。第一,对方的双眼。注视对方的双眼,既可表示自己对对方全神贯注,也表示对对方所讲的话正在洗耳恭听,问候对方,听取诉说,征求意见,强调要点,表示诚意。向人道贺或与人道别时,皆应注意对方双眼,但时间不宜过久。第二,对方的面部。与服务对象较长时间交谈时,可以对方的整个面部为注视区域。

注视他人的面部时,最好是对方的眼鼻三角区,而不要聚集于一处,以散点柔视为宜。第三,对方的全身。同服务对象相距较远时,服务人员一般应当以对方的全身为注视点,在站立服务时,往往如此。第四,对方的局部。在服务工作中,往往会因为实际需要,面对客人身体的某一部分多加注视。例如,在递接物品时,应注视对方的手部。

2）注视的角度

具体的视角:第一,正视对方。在注视他人时,与之正面相向,同时还须将上身前部朝向对方。正视对方是交往中的一种基本礼貌,其含意表示重视对方。第二,平视对方。在注视他人时,身体与对方处于相似的高度,在服务工作中平视服务对象,表现出双方地位平等。当处于坐姿时,看见服务对象到来,便要起身相迎,以便平视。第三,仰视对方。在注视他人时,本人所处位置比对方低,而需抬头向上仰望对方。在仰视他人时,可给对方重视信任之感。

另外,服务人员在注视服务对象时,视角要保持相对稳定,即使需要有所变化,也要过渡自然;对服务对象上上下下反复进行打量的做法,往往会使对方感到被侮辱、被挑衅。

3）兼顾多方

当服务人员在工作岗位上为多人进行服务时,通常有必要巧妙地运用自己的眼神,对每一位服务对象予以兼顾。当服务人员在为互不相识的多位服务对象服务时,既要按照先来后到的顺序对先来的客人多加关照,又要同时以略带歉意、安慰的眼神环视一下等候在身旁的其他人士。这样既表现出了善解人意与一视同仁,又可以让后到的客人感到安慰,使其不致产生被疏忽、被冷落之感,稳定其躁动情绪。

2. 微笑

微笑服务是服务人员最基本的礼仪要求。微笑的核心在于笑,即人的面部呈现出愉快、欢乐的神情。由此可见,笑以愉快、欢乐为主要特征,所以正常的笑容常被人们称作欢笑。古人云:"没有笑颜不开店。"世界上不少著名的企业家深晓微笑的作用,对微笑给予了很高的评价,奉其为企业的法宝与成功之道。

微笑的基本方法是:先要放松自己的面部肌肉,然后使自己的嘴角微微向上翘起,让嘴唇略呈弧形;然后,在不牵动鼻子、不发出笑声、不露出牙齿尤其是不露出牙龈的前提下,轻轻一笑。除了要注意口形之外,还需要注意与面部其他部位的相互配合。微笑其实是人的面部各个部位的综合运动,若忽视其整体的协调配合,微笑往往会不成其为微笑。

（1）对镜练习。使眉、眼、面部肌肉、口形在笑时和谐统一。

（2）诱导练习。调动感情,发挥想象力,或回忆美好的过去,或展望美好的未来,使微笑源自内心,有感而发。

（3）众人面前练习。按照要求当众练习,使微笑规范、自然、大方,克服羞怯心理。

三、服务仪态礼仪实训

（一）站姿的训练

（1）实训时间:2课时。

（2）实训准备:形体训练室,四面墙安装长度及地的镜子,能从头到脚照到训练人员。

（3）实训要求:掌握规范的站姿,能自纠错误站姿直至形成习惯。

（4）实训内容及操作规范见表1-1。

表1-1 站姿操作规范

实训内容	操作标准	基本要求
侧放式站姿	1. 头抬起,面朝正前方,双眼平视,下颌微微内收,颈部挺直,双肩放松,呼吸自然,腰部直立。 2. 脚掌分开呈V字形,脚跟靠拢,两膝并拢,双手放在腿部两侧,手指稍弯曲,呈半握拳状	站得端正、自然、稳重,即要做到"立如松"
前腹式站姿	1. 同"侧放式站姿"操作标准第1条。 2. 脚掌分开呈V字形,脚跟靠拢,两膝并严,双手相交放在小腹部	
后背式站姿	1. 同"侧放式站姿"操作标准第1条。 2. 两腿分开呈V字形,两脚平行,比肩宽略窄些,双手在背后轻握放在腰处	
丁字式站姿	1. 同"侧放式站姿"操作标准第1条。 2. 一脚在前,将脚跟靠于另一脚内侧,两脚尖向外略展开,形成斜写的一个"丁"字,双手在腹前相交,身体重心在两脚上。此式限于女性使用	
站得太累时自行调节	两腿微微分开,将身体重心移向左脚或右脚	

(5) 站姿训练的方法。

① 按照标准训练站姿,可以靠墙训练,后脑勺、双肩、臀部、小腿及脚后跟都紧贴墙壁站立;也可两人一组,背靠背站立。

② 配轻音乐,训练7种站姿。

(二) 坐姿的训练

(1) 实训时间:2课时。

(2) 实训准备:形体训练室。

(3) 实训要求:掌握规范的坐姿,能自纠错误站姿直至形成习惯。

(4) 实训内容及操作规范见表1-2。

表1-2 坐姿操作规范

实训内容	操作标准	基本要求
基本坐姿	1. 入座时,要轻而缓,走到座位前面转身,右脚后退半步,左脚跟上,然后轻轻地坐下。 2. 女性穿裙装时,需用手将裙子向前拢一下。 3. 坐下后,上身直正,头正目平,嘴巴微闭,脸带微笑,腰背稍靠椅背,两手相交放在腹部或两腿上,两脚平落在地面。男子两膝间的距离以一拳为宜,女子则以不分开为好	坐姿的基本要求是"坐如钟",具体要求是:坐得端正、稳重、自然,给人一种舒适感
两手摆法	1. 有扶手时,双手轻搭或一搭一放。 2. 无扶手时,两手相交或轻握放于腹部;左手放在左腿上,右手搭在左手背上,两手呈八字形放于腿上	

26

(续)

实训内容	操作标准	基本要求
两腿摆法	1. 凳高适中时,两腿相靠或稍分,但不能超过肩宽。 2. 凳面低时,两腿并拢,自然倾斜于一方。 3. 凳面高时,一腿略搁于另一腿上,脚尖向下	坐姿的基本要求是"坐如钟",具体要求是:坐得端正、稳重、自然,给人一种舒适感
两脚摆放	1. 脚跟与脚尖全靠或一靠一分。 2. 也可一前一后或右脚放在左外侧	
S形坐姿	上体与腿同时转向一侧,面向对方,形成一个优美的S形坐姿	
叠膝式坐姿	1. 两腿膝部交叉,一脚内收与前腿膝下交叉,两脚一前一后着地,双手稍微交叉于腿上。 2. 起立时,右脚向后收半步,而后站起。 3. 离开时,再向前走一步,自然转身退出房间	

(5)坐姿训练的方法。

① 对所学的几种坐姿,每次训练坚持20min左右,配有轻松优美的音乐,以减轻疲劳。

② 在日常生活中训练。如在乘车时、在上课时、在伏案看书写字采用坐姿时,都可按照以上标准坐姿要求进行训练,不放过每一次时机,久而久之,优美的坐姿便形成了。

(三)行姿的训练

(1)实训时间:6课时。

(2)实训准备:形体训练室。

(3)实训要求:掌握规范的行姿,能自纠错误站姿直至形成习惯。

(4)实训内容及操作规范见表1-3。

表1-3 行姿操作规范

实训内容	操作标准	基本要求
一般行姿	1. 方向明确。在行走时,必须保持明确的行进方向,尽可能使自己犹如在直线上行走,不突然转向,切忌突然大转身。 2. 步幅适中。一般而言,行进时迈出的步幅与本人一只脚的长度相近。即男子每步约40cm,女子每步约36cm。 3. 速度均匀。在正常情况下,男子每分钟108步~110步,女子每分钟118步~120步,切忌突然加速或减速。 4. 重心放准。行进时,身体向前微倾,重心落在前脚掌上。 5. 身体协调。走动时,要以脚跟首先着地,膝盖在脚步落地时应当伸直,腰部要成为重心移动的轴线,双臂在身体两侧一前一后地自然摆动。 6. 体态优美。做到昂首挺胸,步伐轻松而矫健,最重要的是:行走时,两眼平视前方,挺胸收腹,直起腰背,伸直腿部	"行如风",即走起来要像风一样轻盈,方向明确、抬头、不晃肩摇头,两臂摆动自然,两腿直而不僵,步伐从容,步态平衡,步幅适中均匀,两脚落地呈两条直线

(续)

实训内容	操作标准	基本要求
陪同客人的行姿	1. 同"一般行姿"。 2. 引领客人时，位于客人侧前2步~3步，按客人的速度行进，不时用手势指引方向，招呼客人	"行如风"，即走起来要像风一样轻盈，方向明确、抬头、不晃肩摇头，两臂摆动自然，两腿直而不僵，步伐从容，步态平衡，步幅适中均匀，两脚落地呈两条直线
与客人反向而行行姿	1. 同"一般行姿"。 2. 接近客人时，应放慢速度；与客人交会时，应暂停行进；空间小的地方，要侧身，让客人通过后再前进	
与客人同向而行行姿	1. 同"一般行姿"。 2. 尽量不超过客人；必须超过时，要先道歉后超越，再道谢	
与服务人员同行行姿	1. 同"一般行姿"。 2. 不可并肩同行，不可嬉戏打闹，不可闲聊	

(5) 行姿训练的方法。

① 配乐（进行曲）进行行姿训练。前行步，后退步，侧行步，前行转身步，后退转身步。

② 在地上画直线。头顶书本，脚穿高跟或半高跟皮鞋（女生）踩线行走练习。

（四）蹲姿的训练

(1) 实训时间：1课时。

(2) 实训准备：形体训练室。

(3) 实训要求：掌握规范的蹲姿，能自纠错误站姿直至形成习惯。

(4) 实训内容及操作规范见表1-4。

表1-4 蹲姿操作规范

实训内容	操作标准	基本要求
高低式蹲姿	下蹲时，应左脚在前，右脚靠后。左脚完全着地，右脚脚跟提起，右腿左侧可靠于左小腿内侧，形成左膝高右膝低姿势；臀部向下，上身微前倾，基本上用左腿支撑身体。采用此式时，女性应并紧双腿，男性则可适度分开。若捡身体左侧的东西，则姿势相反。这种双膝以上靠紧的蹲姿在造型上也是优美的	在服务行业，一般只有在以下情况时允许服务人员在其工作中酌情采用蹲的姿势： 1. 整理工作环境； 2. 给予客人帮助； 3. 提供必要服务； 4. 捡拾地面物品； 5. 自己照顾自己等。 采用蹲姿时要注意： 1. 不要突然下蹲； 2. 不要距人过近； 3. 不要方位失当； 4. 不要随意滥用
交叉式蹲姿	交叉式蹲姿主要适用于女性，尤其适合身穿短裙的女性在公共场合采用。它虽然造型优美，但操作难度较大。这种蹲姿要求是：在下蹲时，右脚在前，左脚居后，右小腿垂直于地面，全脚着地；右腿在上，左腿在下交叉重叠；左膝从后下方伸向右侧，左脚跟抬起脚尖着地。两腿前后靠紧，合力支撑身体；上身微向前倾，臀部向下	
交叉式蹲姿	凳高适中时，两腿相靠或稍分，但不能超过肩宽。 凳面低时，两腿并拢，自然倾斜于一方。 凳面高时，一腿略搁于另一腿上，脚尖向下	

(续)

实训内容	操作标准	基本要求
半蹲式蹲姿	半蹲式蹲姿多为人们在行进中临时采用。它的基本特征是身体半立半蹲,其主要要求是在蹲下时,上身稍许下弯,但不宜与下肢构成直角或锐角,臀部务必向下,双膝可微微弯曲,其角度可根据实际需要有所变化,但一般应为钝角。身体的重心应当被放在一条腿上而双腿之间都不宜过度地分开	在服务行业,一般只有在以下情况时允许服务人员在其工作中酌情采用蹲的姿势: 1. 整理工作环境; 2. 给予客人帮助; 3. 提供必要服务; 4. 捡拾地面物品; 5. 自己照顾自己等。 采用蹲姿时要注意: 1. 不要突然下蹲; 2. 不要距人过近; 3. 不要方位失当; 4. 不要随意滥用
半跪式蹲姿	半跪式蹲姿又称单蹲姿。它与半蹲式蹲姿一样,也属于一种非正式的蹲姿,多适用于下蹲的时间较长或为了用力方便之时。它的基本特征:双腿一蹲一跪。其主要要求是:下蹲以后,改用一腿单膝点地,以其脚尖着地,而令臀部坐在脚跟上;另一条腿应当全脚着地,小腿垂直于地面;双膝必须同时向外,双腿则宜尽力靠拢	

(五) 手、臂势的训练
(1) 实训时间:2课时。
(2) 实训准备:形体训练室。
(3) 实训要求:掌握规范的手臂势及应用(熟练),能自纠错误站姿直至形成习惯。
(4) 实训内容及操作规范见表1-5。

表1-5 手、臂势操作规范

实训内容	操作标准	基本要求
手持物品	1. 稳妥。 2. 自然。 3. 到位。 4. 卫生	身体其他部位姿势规范,与手势动作协调
递送物品	1. 双手为宜。 2. 递到手中。 3. 主动上前。 4. 方便接拿。 5. 尖、刃向内	
展示物品	1. 便于观看。 2. 操作标准。 3. 手位正确	
引导手势	1. 横摆式。手位高度齐腰高,用于引导表示"请"时的手势。 2. 斜摆式。请对方落座。座位在哪儿,手就指到哪儿。 3. 直臂式。(专业引导手势)适用于给对方指引方向。手臂伸直与肩同高。 4. 曲臂式。适用于单手持物或扶门时,须向对方做"请"的手势。 5. 双臂式。适用于面对众多人做"请"的手势	

（六）表情的训练

(1) 实训时间:2 课时。

(2) 实训准备:形体训练室。

(3) 实训要求:熟练掌握服务礼仪中的各种表情的规范。

(4) 实训内容及操作规范见表 1-6、表 1-7、表 1-8。

表 1-6 表情的操作规范

实训内容	操作标准
注视的部位训练	1. 注意对方的双眼。表示自己对对方全神贯注,在问候对方、听取诉说、征求意见、强调要点、表示诚意、向人道歉或与人道别时,都应注意对方的双眼,但时间不宜过长,一般以 3s~6s 时间为宜。 2. 注视对方的面部。最好是对方的眼鼻三角区,而不要聚集于一处,以散点柔视为宜。 3. 注视对方的全身。同服务对象相距较远时,服务人员一般应当以对方的全身为注视点,尤其是站立服务时,往往如此。 4. 注视对方的局部。服务工作中,应根据实际需要多加注视客人的某一部分,例如在递接物品时,应注视对方手部
注视的角度训练	1. 正视对方。在注视他人时,与之正面相向,同时还须将上身前部朝向对方,其含义表示尊重对方。 2. 平视对方。在注视他人时,身体与对方处于相似的高度,表现出双方地位平等,与本人的不卑不亢。 3. 仰视对方。在注视他人时,本人所处位置比对方低,则需抬头向上仰望对方,可给对方重视信任之感

注意事项

(1) 宾客沉默不语时,不要盯着客人,以免加剧对方的不安。

(2) 服务人员在工作岗位上为多人提供服务时,通常要巧妙地运用自己的眼神,对每一位服务对象予以兼顾。既要按照先来后到的顺序对先来的客人多加注视,又要同时以略带歉意、安慰的眼神去环视一下等候在身旁的其他客人,这样既表现出善解人意与一视同仁,又可以让后到的客人感到宽慰,使其不产生被疏忽、被冷落的感觉。

(3) 服务人员在注视客人时,视觉要保持相对稳定,即使需要有所变化,也要注意自然,切忌对客人上上下下、反反复复地打量,使客人感到被批评。

(4) 在服务过程中,要特别注意不能使用向上看的目光,这种目光给人以目中无人、骄傲自大的感觉。更不能东张西望,给人以缺乏教养、不懂得尊重别人的印象。

表1-7 微笑的操作规范

实训内容	操作标准	基本要求
微笑	嘴角微微向上翘起,让嘴唇略呈弧形,在不牵动鼻子、不发出笑声、不露出牙齿的前提下轻轻一笑	1. 默念英文单词Cheest,英文字母G或普通话"茄子"。 2. 对着镜子自我调侃,自我暗示

注意事项

(1)微笑的要领。面含笑意,但笑容不可太显著。

(2)要做到目光柔和发亮,双眼略为睁大,眉头自然舒展,眉毛微微向上扬起。

(3)微笑时,要力求表里如一。微笑仅非只挂在脸上,而是需要发自内心,做到表里如一,否则就成了"皮笑肉不笑"。微笑一定要有一个良好的心境与情绪作为前提,否则将会陷入勉强尴尬而笑的境地。

(4)微笑须兼顾服务场合。如在下列情况下,微笑是不允许的:第一,进入气氛庄严的场所时;第二,顾客满面哀愁时;第三,顾客有某些先天的生理缺陷时;第四,顾客出了洋相而感到极其尴尬时。在上述情况下,如果面露微笑,往往会使自己陷于十分不利和被动的处境。

表1-8 眉语的操作规范

实训内容	操作标准
眉语	服务人员的眼睛、眉毛要保持自然而舒展,说话时不宜过多牵动眉毛,要给人以庄重、自然、典雅之感

(七)服务和交际距离

(1)实训时间:2课时。

(2)实训准备:形体训练室。

(3)实训要求:熟练掌握并运用各种服务和交际距离的规范。

(4)实训内容及操作规范见表1-9。

表1-9 服务和交际距离的操作规范

实训内容	操作标准	基本要求
陪同引导服务和交际距离	1. 协调行进速度。在陪同引导客人时,服务人员居于客人侧前方约1m,行进的速度须与对方相协调。 2. 及时关照提醒。陪同引导时,一定要处处以对方为中心。经过拐角、楼梯或道路坎坷、昏暗之处时,须提醒对方留意。 3. 采用正确的体态。陪同引导客人时,有必要采取一些特殊的体态,如请对方开始行进时,应面向对方,稍许欠身;在行进中与对方交谈或答复对方提问时,头部和上身应转向对方。 4. 客人不熟悉行进方向和目的地时,不应请其先行,同时也不应让其走在外侧	

服 务 礼 仪

(续)

实训内容	操作标准	基本要求
一般上下楼梯	1. 坚持"右上左下"的原则,以方便对面上下楼梯的他人。 2. 请对方先行	作为服务人员,尤其是饭店服务人员一定要走指定的楼梯通道,而且要减少在楼梯上的停留时间
陪同引导服务对象上下楼梯	1. 服务人员上楼梯时应行在后,下楼梯时应行在前。 2. 距离相差1级阶梯为宜	
乘无值班员的电梯	服务人员须先进后出,以便为顾客控制电梯	电梯开门时,须"先出后进",等里面的人出来之后,外面的人方可进去
乘有值班员的电梯	服务人员应当后进后出,在电梯内,只要空间许可,应与服务对象保持30cm左右的距离	进出电梯时,应侧身而行,以免碰撞、踩踏别人,进入电梯后应尽量站直

单元四　基本服饰礼仪

教学目标

通过本单元的学习,应该掌握服务服饰的基本穿着规范并能熟练地运用到实践工作中,从而更好地表达对服务对象的尊重,反映服务人员良好的基本素质和修养。

教学内容

（1）服务人员西装穿着的规范。
（2）女士套裙的穿着规范。
（3）饰物选择及佩戴规范:符合身份、以少为佳、区分品种、协调得体。

教学方法

本单元为实践技能学习,学生分组在形体训练室由指导教师指导学习。

相关知识与技能

一、正装选择

正装,一般是指人们在正式场合的着装。对于服务人员而言,正装即意味着在其工作时,按照有关规定,应当穿着与本人所扮演的服务角色相称的正式服装。

服务人员身着正装,应该以统一制作为前提。这样做,不仅减少了服务人员在精力上的消耗,保证了全体员工着装的整齐划一,而且还可以同时增强其团队意识,有助于塑造良好的企业形象。

（一）西装的穿着规范

西装是最为常用的男士正装。男性服务人员身着西装是对服务对象敬重的表示。下面主要介绍西装作为服务人员所选择的正装时的穿着方法。

1. 西装的选择

1）西装的外套必须合体

试长度的方法是把手垂下,衣长刚好到臀部下缘,或者把手自然下垂后,衣长落在食指第二关节处。袖长刚好到手掌虎口,或服摆与拇指处齐平。整体来看,西服与西裤在人身上的比例呈1:1的完美比例。西装的领子应紧贴后颈部;衬衫的领子应露出西装上衣领子约半寸(1.67cm);衬衫的袖口应长出外衣袖口约半寸。西装是男士的门面及品位的象征,穿着不合身的西服,会显得突兀没品位。

2）西裤的选择

因为西装讲究线条美,所以西裤必须要有中折线。西裤长度以前面能盖住脚背,后面能遮住1cm以上的鞋帮为宜。不能随意将西裤裤管挽起来。

3）衬衫的选择

配西装的衬衫主要以高织精纺的纯棉、纯毛的面料为主,也有以棉毛为主要成分的混纺面料。最正规的是白色无花纹衬衫,也可配浅色的、细条子或细格子花纹的衬衫。衬衫领子应是以扣上领子扣以后能自由插进一个食指为宜。衬衫袖子的长度与领子的高度都应比西装上衣的袖子和领子稍长、稍高。

4）领带的选择

服务人员的领带主要是为了使整个服饰看起来更为庄重、严肃,因此应选用与自己制服颜色相称,光泽柔和,典雅朴素的领带为宜,颜色一般选择单色(如蓝色、灰色、棕色、黑色、紫色等较为理想),多色的则不应多于三种颜色,而且尽量不要选择浅色、艳色。若西装里穿羊毛背心,则应将领带放在背心里面。服务人员在穿着西装时最好夹上领带夹,领带夹应该夹在领带的从上到下2/3处,即其黄金分割点上。领带的系法(温莎结)如图1-15所示。

温莎结(Windsor Kont)是因温莎公爵而得名的领带结,是最正统的领带打法。

打出的结应呈正三角形,饱满有力,适合搭配宽领衬衫。

该集结应多往横向发展。应避免材质过厚的领带,集结也勿打得过大。

要诀:宽边先预留较长的空间,绕带时的松紧会影响领带结的大小。

图 1-15　领带的系法（温莎结）

5）鞋与袜子的选择

穿西装一定要穿皮鞋，一般穿黑色皮鞋，袜子的颜色要与西裤、皮鞋的颜色相同或较深，一般为黑色、深蓝色或藏青色。

2. 西装的穿着要领

（1）西装要干净、平整，裤子要熨出裤线。

（2）穿西装，衬衫领头要硬扎挺括，要保证七八成新。衬衫更要十分清洁，内衣要单薄，衬衫里一般不要穿棉毛衫，如果穿了，则不宜把领圈和袖口露在外面。天气较冷时，衬衫外可穿羊毛衫，但只可穿一件。衬衫的下摆要均匀地塞在裤内。

（3）穿单排扣的西装可以不系扣，但服务人员在正规场合需系扣，可系西装上衣第一粒。把扣子都系上，其实并不符合西装穿着规范。

（4）为保证西装不变形，上衣袋只作为装饰，必要时装摺好花式的手帕。裤兜也与上衣袋一样，不可装物，以保证裤形美观。

（5）无论衣袖还是裤边，皆不可卷起。

（6）皮鞋一定要上油擦亮。

（二）女士套裙的穿着规范

女性服务人员在穿着套裙时，需要注意的主要问题有以下几点。

1. 长短适度

通常，套裙的上衣最短可以齐腰，而裙子最长则可以达到小腿的中部。穿着时，不能露腰露腹，否则很不雅观。上衣的袖长以恰恰盖住着装者的手腕为好。上衣或裙子均不可过于肥大或包身，以有损形象。

2. 穿着到位

上衣的领子要完全翻好，衣带的盖子要拉出来盖住衣领。不要将上衣披搭在身上，应穿着整齐。裙子要穿得端端正正，上下对齐。

3. 扣紧衣扣

在服务场合穿套裙时，上衣的衣扣必须全部系上，不要将上衣部分或全部解开，更不能当着别人的面随便将上衣脱下。

4. 搭配好衬衫

套裙的面料要轻薄而柔软，如真丝、麻纱、府绸、涤棉等。色彩以单色为最佳。除白色外，其他色彩，如与所穿套裙的色彩不相互排斥，也可采用。衬衫上最好不要有图案。下摆必须掖入裙腰之内，不得任其悬垂于外，或是将其在腰间打结。衬衫的纽扣要一一系好。除最上端的一粒纽扣按惯例允许不系外，其他纽扣均不得随意解开。

5. 内衣的选择

选择内衣时,最关键的是要使之大小适当,既不能过于宽大,也不能过于窄小。内衣所用面料,以纯棉、真丝等面料为佳,色彩可以是常规的白色、肉色,也可以是粉色、红色、紫色、棕色、蓝色或黑色。内衣不宜外穿,且不准外露、外透。

6. 衬裙

衬裙的色彩多为单色,如白色、肉色等,但必须使之与外面套裙的色彩相互协调。二者要么彼此一致,要么外深内浅。衬裙的款式应线条简单、穿着合身、大小适度,并且不宜出现任何图案。衬衫下摆应掖入衬裙裙腰与套裙裙腰之间,切不可掖入衬裙裙腰以内。

7. 鞋袜

穿套裙时,鞋袜有下列四点注意之处。

(1) 鞋袜应当完好无损。鞋子如果开线、裂缝、掉漆、破残,袜子如果有洞、跳丝,均应立即更换,不要打了补丁再穿。

(2) 鞋袜不可当众脱下。有些女士喜欢有空便脱下鞋子,或是处于半脱鞋状态。还有个别人经常将袜子翻下去一半,甚至当着外人的面脱去袜子。此类做法,都是极其有失身份的。特别是服务人员,这样做会更显不雅。

(3) 袜子不可随意乱穿。不允许同时穿两双袜子,也不许将健美裤、九分裤等裤装当成袜子来穿。

(4) 袜口不可暴露于外。袜口,即袜子的上端。

根据服务礼仪规范的要求,穿套裙时要求在裙子下摆和袜口之间不能露出一截皮肤,也就是说,在任何时候的任何姿势(无论是站着、坐着或蹲着)都应确保袜口始终在裙子下摆里面。

在工作过程中,如出现袜口下滑的情况,应及时加以处理,但应注意不要在服务对象面前拉袜子,这既不雅观也不尊重服务对象。女性服务人员还应当注意,在穿开衩裙时,即使在走动时,也不应当让袜口偶尔出现于裙衩之处。

应当说明的是,在一些特定的情况下,工作中的服务人员有时也可身着便装:一是在销售便装时,销售便装者可以身着便装,充当模特,以身示范;二是工作性质较为特殊,身着正装多有不便时;三是服务单位统一将某种便装规定为本单位的正装。这样一来,便装实际上就无形之中转化为正装,而不再是其本来意义上的便装了。

如果没有遇到上述几种特殊情况,为了谨慎起见,服务人员在工作时,最好还是不要自作主张身着便装。当本单位没有统一向员工下发正装,而又规定上班必须身着正装时,更要在这方面加以注意。

二、饰物选择礼仪

佩戴饰品的作用主要在于美化自身、体现情趣。其主要规范是:符合身份,以少为佳,区分品种,佩戴有方。由此可知,服务人员在自己的工作岗位上,并非不能佩戴任何饰物。

(一) 符合身份

服务人员在自己的工作岗位上佩戴饰物时,一定要使之符合身份。服务人员是为服务对象服务的,因此要处理好自己与服务对象之间的相互关系,摆正自己的位置,不可将自己凌驾于对方之上,也不宜有意或无意地与对方进行攀比。价格昂贵的珠宝不适宜在工作场合佩戴,否则就与自己的身份不相符合了。

(二)以少为佳

在正常情况下,服务人员讲究的应当是以少为佳。

之所以这样进行规定,主要存在两方面的原因。一方面,佩戴饰物时以少为佳是服务人员的自身身份使然。另一方面,佩戴饰物时以少为佳,也符合饰物佩戴的自身规律。饰物佩戴,实际上在具体数量上有其一定的限制。在佩戴饰物时,若是一味地贪多,则很有可能会有损于饰物的装饰效果,不但没有平添任何美感,反而显得杂乱无章。

服务礼仪规定,工作中的服务人员,在选择、佩戴饰物时,一般不宜超过两个品种。佩戴某一具体品种的饰物,则不应超过两件。一般而言,服务人员在其工作岗位上无需佩戴饰物。

男性服务人员,尤其如此。因为在一般情况下,男性佩戴饰物往往更难为人们所接受。在有些特殊的工作岗位上,如餐饮服务业服务人员因工作需要不宜佩戴任何饰物。

(三)区分品种

服务人员在其工作岗位上选戴饰物时,因其具有特殊身份的缘故,不可随意。下面,是有关这方面的注意事项。

1. 戒指

戒指,又称指环。它是一种戴在手指上的环状饰物。除个别特殊的部门,如医疗、餐饮、食品销售部门外,一般服务部门的从业人员,皆可佩戴戒指。对男性服务人员而言,戒指可以说是在其工作岗位上唯一被允许佩戴在衣外的饰物。

2. 项链

项链,有时又称颈链,是一种戴于脖颈之上的链状饰物。在其下端,往往还带有某种形状的挂件。在工作中,一般允许女性服务人员佩戴项链,但一般不宜佩戴过于粗大或挂件过大的项链。男性服务人员通常不宜在其工作岗位上佩戴项链,即使佩戴,也只能将其戴在衣内,而不宜显露在外。

3. 耳环、耳钉

耳环,一般是指戴在耳垂上的环状饰物。有时,它又名耳坠。通常,耳环被视为最能显示女性魅力的饰物。但是,女性服务人员在工作岗位上不宜佩戴耳环而只适合佩戴耳钉;男性服务人员不允许佩戴任何耳饰。

4. 手镯

手镯,又称手环。通常它指的是人们佩戴在手腕上的环状饰物。由于服务人员在工作岗位上动手的机会较多,在手上佩戴手镯,既可能使其受损,又可能妨碍自己的工作,所以服务人员在其工作岗位上不宜佩戴手镯。

5. 胸针

胸针,往往又称作胸花。它一般是指人们佩戴在上衣左侧胸前或衣领上的一种饰物,男女皆可佩戴。工作中的服务人员,大多允许佩戴胸针,但若需佩戴身份牌或本单位证章、徽记上岗,则一般不宜同时佩戴胸针;否则胸针很可能就会"大出风头",而令前者"相形见绌"。

6. 发饰

发饰,多是指女性在头发上所采用的兼具束发、别发功能的各种饰物,常见的有头花、发带、发箍、发卡等。女性服务人员在工作时选择发饰应强调其实用性,而不宜偏重其装饰性。通常,头花及色彩鲜艳、图案花哨的发带、发箍、发卡,都不宜在工作时选用。

7. 脚链

脚链,又称足链,是佩戴在脚腕上的一种链状饰物,多受年轻女性的青睐。通常认为,佩戴脚链可以吸引他人对佩戴者腿部及步态的关注。因此,一般不提倡女性服务人员在工作中佩戴脚链。

除上述几种最为常见的饰品外,社会上还流行佩戴鼻环、脐环、指甲环、脚戒指等。它们多为标榜前卫、张扬个性的选择,尚未形成社会主流,所以服务人员在工作时均不宜佩戴。

（四）协调得体

服务人员在工作岗位上佩戴饰物时,一定要注意协调得体,力求少而精。如果佩戴两种饰物或两件饰物时,一定要尽力使之彼此协调、相互统一。在这个问题上,重要的是应当关注三点:一是要使两者在质地上大体相同;二是要使两者在色彩上保持一致;三是要使两者在款式上相互协调。简言之,就是要使多种、多件饰物在质地、色彩、款式上统一起来、协调起来。做到了这三点,饰品的佩戴才可能做到恰到好处。

三、基本服饰礼仪实训

（一）着装礼仪实训

(1) 实训时间:2课时。

(2) 实训准备:形体训练室。

(3) 实训目的:帮助从事服务工作的人员在服务场合选择正确的服装,避免违反服务人员服饰规范。

(4) 实训要求:掌握正装的基本要求;掌握西装的穿着方法;掌握女士套装的穿着方法。

(5) 实训内容及操作规范见表1-10、表1-11。

(6) 实训考核规范。

表1-10 着装礼仪实训操作安排

实训项目		实训要求	操作规范
西装的穿着	西装的选择	西装的外套必须合体	1. 试长度的方法是把手垂下,衣长刚好到臀部下缘,或者把手自然下垂后,衣长落在食指第二关节处。 2. 袖长刚好到手掌虎口,或服摆与拇指处齐平。整体上看,西服与西裤在人身上的比例呈1:1的完美比例。 3. 西装的领子应紧贴于颈部;衬衫的领子应露出西装上衣领约半寸;衬衫的袖口应长出外衣袖口约半寸
		西裤的选择	1. 因西装讲究线条美,所以西裤必须要有裤线。 2. 西裤长度以前面能盖住脚背,后边能遮住1cm以上的鞋帮为宜
		衬衫的选择	1. 配西装的衬衫主要以高织精纺的纯棉、纯毛面料为主。 2. 最正规的是白色无花纹衬衫,也可配浅色的、细条子或细格子花纹的衬衫。 3. 衬衫领子应是以扣上领子扣以后能自由插进一个食指为宜。 4. 衬衫袖子的长度与领子的高度都应比西装上衣的袖子稍高

(续)

实训项目		实训要求	操作规范
西装的穿着	西装的选择	领带的选择	1. 颜色一般选择单色（蓝色、灰色、棕色、黑色、紫色等较为理想），多色的则不应多于三种颜色，而且尽量不要选择浅色、艳色。 2. 若西装里穿羊毛背心，则应将领带放在背心里面。服务人员在穿着西装时最好夹上领带夹，领带夹应该夹在领带的从上到下2/3处
		鞋与袜的选择	1. 穿西装一定要穿皮鞋，一般穿黑色皮鞋。 2. 袜子的颜色要与西裤、皮鞋颜色相同或颜色较深，一般为黑色、深蓝色或藏青色
	西装的穿着要领	西装的穿着要符合规范要求，服务人员切忌触犯禁忌	1. 西装要干净、平整，裤子要熨出裤线。 2. 衬衫领头要硬扎挺括，要保证七八成新。 3. 衬衫更要十分清洁，内衣要单薄，衬衫里一般不要穿棉毛衫，如果穿了，不宜把领圈和袖口露在外面。天气较冷时，衬衫外可穿羊毛衫，但只可穿一件。 4. 衬衫的下摆要均匀地塞入裤内。 5. 穿西装可以不系扣，但服务人员在正规场合需系扣，可系风纪扣或系一个扣。 6. 为保证西装不变形，上衣袋只作为装饰，必要时装摺好花式的手帕。裤兜也与上衣袋一样，不可装物，以保证裤形美观。 7. 无论衣袖还是裤边，皆不可卷起。 8. 皮鞋一定要上油擦亮
女士套裙的穿着	女士套裙的选择	长短适度	1. 通常，套裙的上衣最短可以齐腰，而裙子最长则可以达到小腿的中部。穿着时，不能露腰露腹。 2. 上衣的袖长以恰恰盖住着装者的手腕为好。 3. 上衣或裙子均不可过于肥大或包身
		穿着到位	1. 上衣的领子要完全翻好，衣带的盖子要拉出来盖住衣领。 2. 不要将上衣披搭在身上，要穿着整齐。 3. 裙子要穿得端端正正，上下对齐
		扣紧衣扣	在服务场合穿套裙时，上衣的衣扣必须全部系上
		搭配好衬衫	1. 套裙的面料要轻薄而柔软，如真丝、麻纱、府绸、涤棉等。 2. 色彩上以单色为最佳。除白色之外，其他色彩，如与所穿套裙的色彩不相互排斥，也可采用。 3. 衬衫上最好不要有图案。 4. 下摆必须掖入裙腰之内，不得任其悬垂于外，或是将其在腰间打结。 5. 衬衫纽扣均要一一系好。除最上端的一粒纽扣按惯例允许不系外，其他纽扣均不得随意解开
	女士套裙的穿着规范	内衣的选择	1. 选择内衣时，最关键的要使之大小适当，既不能过于宽大，也不能过于窄小。 2. 内衣所用面料以纯棉、真丝等面料为佳，色彩可以是常规的白色、肉色，也可以是粉色、红色、紫色、棕色、蓝色或黑色。 3. 穿上内衣后，不应使它的轮廓一目了然地在套裙之外展现出来。 4. 内衣不宜外穿，且不准外露、外透

38

(续)

实训项目	实训要求	操作规范
女士套裙的穿着	女士套裙的穿着规范 衬裙	1. 衬裙的色彩多为单色,如白色、肉色等,但必须使之与外面套裙的色彩相互协调。两者要么彼此一致,要么外深内浅。 2. 衬裙的款式应线条简单、穿着合身、大小适度。 3. 衬裙上不宜出现任何图案。衬衫下摆应掖入衬裙裙腰与套裙裙腰之间,切不可掖入衬裙裙腰以内
	鞋袜	1. 鞋袜应当完好无损。鞋子如果开线、裂缝、掉漆、破残;袜子如果有洞、跳丝,均应立即更换,不要打了补丁再穿。 2. 鞋袜不可当众脱下。 3. 袜子不可随意乱穿。不允许同时穿两双袜子,也不许将健美裤、九分裤等裤装当成袜子来穿。 4. 袜口不可暴露于外。在任何时候的任何姿势(无论是站着、坐着或蹲着)中都应确保袜口在裙子下摆里面

表 1-11 着装礼仪实训要求

考核项目		考核要求	是否做到	改进措施
男士西装的着装礼仪	西装的穿着	西装要干净、整洁,西裤要烫出裤线	□是 □否	
		衬衫要清洁,穿着要符合规范	□是 □否	
		西装的扣子系法要符合要求	□是 □否	
		西装的上衣及西裤的口袋不可装物品	□是 □否	
		衣袖、裤边不卷	□是 □否	
		皮鞋要上油擦亮	□是 □否	
女士套装的着装礼仪	套装的选择	套装的款式、面料选择合理	□是 □否	
		衬衫以白色为主	□是 □否	
		内衣应柔软合体	□是 □否	
		衬裙选择合理	□是 □否	
		鞋袜与套装相配	□是 □否	
	套装的穿着要求	穿着到位	□是 □否	
		衬衫穿着符合规范	□是 □否	
		衬裙穿着合理	□是 □否	
		鞋袜的穿着符合规范要求	□是 □否	

(二)饰品佩戴及用品选择礼仪实训

(1)实训时间:2课时。

(2)实训准备:形体训练室。

(3)实训要求:掌握服务人员在工作场合应选择的饰品种类;掌握服务场合饰品佩戴的方法。

(4)实训内容及操作规范见表 1-12。

表1-12 饰品佩戴实训操作规范

实训项目	实训要求	操作规范
饰品佩戴礼仪	符合身份	在工作中,服务人员只宜选戴简单的金银饰品,而绝对不宜佩戴珠宝饰品或仿真的珠宝饰品
	以少为佳	1. 服务人员在工作岗位上可以不佩戴任何饰品。 2. 服务人员在选择、佩戴饰物时,一般不宜超过两个品种。 3. 佩戴某一具体品种的饰物,则不应超过两件
	区分品种	1. 戒指:服务人员在工作岗位上,允许佩戴纯金或纯银戒指一枚。 2. 项链:服务人员在工作岗位上,允许佩戴纯金或纯银的项链,但链子不可过长,项坠不可过大。 3. 耳环、耳钉:在工作岗位上,不允许佩戴耳环,但女性服务人员可以佩戴耳钉。 4. 手链、手镯:在工作岗位上,服务人员不宜佩戴手链和手镯。 5. 胸针:女性服务人员在工作中可以佩戴胸针,但不可与工号牌等同时佩戴。 6. 发饰:女性服务人员在岗位上可以佩戴实用性较强的发饰。但头花及色彩鲜艳、图案花哨的发带、发箍、发卡,都不宜在上班时选用。 7. 脚链:服务人员在工作岗位上,不允许佩戴脚链
	协调得体	1. 穿制服时的要求:不宜佩戴任何饰物。 2. 穿正装时的要求:不宜佩戴工艺饰物,特别是不宜佩戴那些被人们视为另类的工艺饰物。 3. 协调性要求: (1)要使饰品在质地上大体相同。 (2)要使饰品在色彩上保持一致。 (3)要使饰品在款式上相互协调

自我检测

1. 服务人员在穿着西装时应注意什么问题?
2. 女性服务人员在穿着套裙时应注意什么问题?
3. 服务人员在佩戴饰物时为什么要使之符合自己的身份?

单元五 基本用语礼仪

教学目标

通过本单元的学习,应该掌握服务用语规范。锻炼和提高服务人员的语言运用、表达能力。以提高自己的服务水准,展现自己所在单位的良好的精神状态。

教学内容

（1）服务人员常用的礼貌用语礼仪。
（2）文明用语的规范。

教学方法

本单元为理论与实践技能学习，以教师讲授与学生练习相结合为主要学习方式。

相关知识与技能

一、礼貌用语礼仪

在服务岗位上，准确而适当地运用礼貌用语是对广大服务人员的一项基本要求，同时也是做好本职工作的基本前提之一。礼貌用语对于服务行业而言，是有其特殊界定的。要求服务人员在其工作岗位上所使用的礼貌用语，主要是指在服务过程中表示服务人员自谦恭敬之意的一些约定俗成的语言及其特定的表达形式。

（一）礼貌用语的特点

1. 礼貌性

言辞的礼貌性主要表现在服务人员使用的敬语上。敬语的最大特点是彬彬有礼、热情庄重。使用敬语能表示对客人的尊敬，给人以礼貌的感觉。在工作岗位上，必须常用、多用敬语，即使在宾客礼貌不周的情况下也必须坚持使用，不能感情用事，语言不当。这是服务礼仪的一项重要规范。

2. 约定性

在服务岗位上，服务人员常用的礼貌用语往往都是约定俗成、沿用已久的，服务人员在运用时，只能完全遵从，不能随意发挥，或者另辟蹊径，不然就难以得到认同，发挥其功效。

3. 主动性

在工作中，使用礼貌用语要成为广大服务人员自觉的行动，服务人员在与服务对象进行语言交流时，应率先主动地采用礼貌用语。

（二）礼貌用语

1. 问候语

问候语，主要适用于人们在公共场所里相见之初时，彼此向对方询问安好，表达关切之意。

（1）标准式问候用语：在问好之前，加上适当的人称代词，或者其他尊称，如您好！各位好！大家好！

（2）时效式问候用语：在问好之前，加上具体的时间，或是在两者之前再加上尊称，如早上好！早安！中午好！下午好！晚上好！晚安！

2. 迎送语

迎送语，主要适用于服务人员在自己的工作岗位上欢迎或送别服务对象。

(1) 欢迎用语:欢迎光临！欢迎您到×××！

(2) 送别用语:请走好！欢迎再来×××！再见！慢走！

3. 请托语

请托语,通常指的是在请求他人帮忙或者托付他人代劳时,照例所应当使用的专项用语。

(1) 标准式请托用语:请稍等、请让一下。

(2) 求助式请托用语:劳驾、拜托、打扰、借光、请关照。

4. 致谢语

致谢语,又称道谢语。在人际交往中使用致谢语,意在表达自己的感激之意。适当地运用致谢语,可以使自己的心意为他人所领受,而且可以展示本人的修养。

对于服务人员而言,在下列六种情况下,要使用致谢语:一是获得他人帮助时;二是得到他人支持时;三是赢得他人理解时;四是感到他人善意时;五是婉言谢绝他人时;六是受到他人赞美时。

(1) 标准式致谢语:谢谢！谢谢您！

(2) 加强式致谢语:十分感谢！万分感谢！多谢！

(3) 体式致谢语:有劳您了,让您费心了,上次给您添了不少麻烦。

5. 征询语

在服务过程中,服务人员往往需要以礼貌的语言主动向服务对象进行征询。例如:您今天要做哪个项目？您还需要其他服务吗？您对我们的技术和服务满意吗？

6. 应答语

应答语,指服务人员用来回应服务对象的召唤,或是在答复其询问之时所使用的专门用语。

(1) 肯定式应答语:是的,好,随时为您效劳,很高兴能为您服务,我知道了,好的,我明白您的意思,一定照办。它主要用来答复客人的请求。一般不允许对客人说"不",更不允许对其置之不理。

(2) 谦恭式应答语:这是我的荣幸,请不必客气,这是我们应该做的,请多多指教,您太客气了,过奖了。当客人对提供的服务表示满意时,或是直接对服务人员进行口头表扬、感谢时,宜用此类应答语。

(3) 谅解式应答语:不要紧,没有关系,我不会介意。在客人因故向自己致以歉意时,应及时予以接受,并表示必要的谅解。

7. 赞美语

赞美语,主要适用于人际交往中称道或者肯定他们时。从实际效果来看,它既可以激励别人也可以促进或改善双方之间的人际关系。

(1) 评价式赞美语:太好了,真不错,对极了,相当棒。

(2) 认可式赞美语:还是您懂行,您的观点非常正确。

(3) 回应式赞美语:哪里,我做的不像您说得那么好,还是您技高一筹。

8. 祝贺语

在服务过程中,服务人员往往有必要向服务对象适时地使用一些祝贺用语,向服务对象道上一句真诚的祝贺,通常能为"人逢喜事精神爽"的对方锦上添花。

(1) 应酬式祝贺语:祝您成功,心想事成,身体健康,生意兴隆,事业成功,恭喜发财。
(2) 节庆式祝贺语:节日好,新年好,过年好,生日快乐。

9. 推托语

拒绝别人所惯用的语言,称为推托语。在工作中,服务人员经常会遇上难以满足服务对象某些要求的情况,在这种情况下就要使用推托语。

(1) 道歉式推托语:当客人的要求难以被立即满足时,不妨直接向对方表示自己的歉疚之意,以求谅解。

(2) 转移式推托语:不具体纠缠于客人所提的某一具体问题,而是主动提出另外一件事情,以转移对方的注意力。

(3) 解释式推托语:推托客人时,说明具体的缘由,尽可能地让对方觉得自己的推托合情合理。

二、文明用语

文明用语,具体是指在语言的选择、使用中,既能够表现出其使用者的良好的文化素养、待人处世的实际态度,又能够令人产生高雅、温和、脱俗之感。简言之,文明用语,就是要求人们使用语言时必须讲究文明。

1. 称呼恰当

(1) 区分对象。正式场合的称呼:一是泛尊称,如先生、小姐、夫人、女士;二是职业加泛尊称,如司机先生、秘书小姐;三是姓氏加职务或职称,如王经理、蔡主任、李教授。非正式场合的称呼:一是直接以姓名相称;二是称呼名字;三是称呼爱称或小名;四是称呼辈分;五是姓氏加上辈分;六是姓氏前加"老"或"小"字。

(2) 照顾习惯。实际生活中称呼他人时,必须对交往对象的语言习惯、文化层次、地方风俗等各种因素加以考虑,区别对待。

(3) 分清主次。在称呼多位客人时,标准的做法有两种:一是由尊而卑,即先长后幼、先女后男、先上后下、先疏后亲;二是由近而远,即先称呼接近自己者。

(4) 禁用忌语。一是不使用任何称呼,直接代以"喂"、"嘿"、"五号"、"那边的";指第三者时不能讲"他",应讲"那位先生"或"那位女士"。二是使用不雅的称呼,如"眼镜"、"大头"、"灯泡"、"胖子"等。三是任何时候不准讲"喂"、"不知道"、"不清楚"等不确定语言。四是不得以任何借口顶撞,讽刺,挖苦客人。

2. 口齿清晰

(1) 掌握口语的特点:通俗活泼、机动灵活、简明扼要。
(2) 合乎语言的规范:语音标准、语调柔和、语气正确。

3. 用词文雅

言谈用词要文雅,杜绝蔑视语、烦燥语、斗气语。

4. 文明用语注意事项

(1) 说话要注意艺术,多用敬语,注意"请"、"谢"字不离口。
(2) 要注意称呼客人姓氏,如不知姓氏,则要称呼"先生"或"女士"。
(3) 从客人手上接过任何物品,都要说:"谢谢"。
(4) 客人说"谢谢"时,要答"不用谢",不得毫无反应。
(5) 客人来时要问好,注意讲"欢迎您到×××",客人走时,注意说"祝您愉快"或

"欢迎您下次光临,您走好!"

(6) 店面员工离开面对的客人,一律说"请稍后"。如果离开时间过长,回来之后要说"对不起,让您久等了",不能一言不发就开始服务。

三、行业用语

行业用语,又称行业语,一般是指某一社会行业所使用的专门性用语,主要用以说明某些专业性、技术性的问题。

服务人员在服务过程中使用一些专业的行业用语,不但是必要的,而且也是必需的。因为只有恰到好处地使用了某些必须使用的行业用语,才能更好地说明问题,才能显示本人业务上在行,从而才能赢得服务对象的充分理解和信任。

(1) 使用行业用语的三T原则。三T即机智(Tact)、时间(Timing)、宽恕(Tolerance)三词的缩写。

① 表现机智。面对形形色色的客人,一定要察言观色,反应灵敏。

② 考虑时间。行业用语的使用具有一定的时间限制。

③ 待人宽恕。运用行业用语服务客人时,务必要将心比心,待人如己,设身处地多为对方着想。

(2) 使用行业用语的适度原则。实事求是,客观、正确地使用行业用语;使用得当,注意行业用语规范性与地方性差异。

(3) 术语的使用。服务人员必须善用专业术语;服务人员运用专业术语时,注意因人而异、因事而异。

(4) 用语的禁忌。禁说不尊重之语;禁说不友好之语;禁说不耐烦之语;禁说不客气之语。

四、基本用语礼仪实训

(一) 礼貌用语礼仪实训

(1) 实训时间:2课时。

(2) 实训准备:形体训练室。

(3) 实训要求:掌握常用的礼貌用语及使用方法;掌握使用礼貌用语时的正确的身体姿态;掌握使用礼貌用语时的正确的面部表情。

(4) 实训内容及操作规范见表1-13、表1-14。

(5) 实训考核要求。

表1-13 礼貌用语实训操作规范

实训项目	实训要求	操 作 规 范
常用礼貌用语	能够准确而适当地运用礼貌用语	1. 问候语: (1)标准式问候语:您好!各位好!大家好! (2)时效式问候语:早上好!早安!中午好!下午好!晚上好!晚安! 2. 迎送语: (1)欢迎用语:欢迎光临!欢迎您到×××! (2)送别用语:请走好!欢迎再来×××!再见!慢走! 3. 请托语: (1)标准式请托语:请稍等,请让一下。 (2)求助式请托语:劳驾,拜托,打扰,借光,请关照。

(续)

实训项目	实训要求	操作规范
常用礼貌用语	能够准确而适当地运用礼貌用语	4. 致谢语: (1) 标准式致谢语:谢谢！谢谢您！ (2) 加强式致谢语:十分感谢！万分感谢！多谢！ (3) 体式致谢语:有劳您了,让您费心了,上次给您添了不少麻烦。 5. 征询语: 例如:您今天要做哪个项目？您还需要其他服务吗？您对我们的技术和服务满意吗？ 6. 应答语: (1) 肯定式应答语:是的,好,随时为您效劳,很高兴能为您服务,我知道了,好的,我明白您的意思,一定照办。它主要用来答复客人的请求。一般不允许对客人说一个"不"字,更不允许对其置之不理。 (2) 谦恭式应答语:这是我的荣幸,请不必客气,这是我们应该做的,请多多指教,您太客气了,过奖了。当客人对提供的服务表示满意时,或是直接对服务人员进行口头表扬、感谢时,宜用此类应答语。 (3) 谅解式应答语:不要紧,没有关系,我不会介意。在客人因故向自己致以歉意时,应及时予以接受,并表示必要的谅解。 7. 赞美语: (1) 评价式赞美语:太好了,真不错,对极了,相当棒。 (2) 认可式赞美语:还是您懂行,您的观点非常正确。 (3) 回应式赞美语:哪里,我做的不像您说的那么好,还是您技高一筹。 8. 祝贺语: (1) 应酬式祝贺语:祝您成功,心想事成,身体健康,生意兴隆,事业成功,恭喜发财。 (2) 节庆式祝贺语:节日好,新年好,过年好,生日快乐。 9. 推托语: (1) 道歉式推托语:当客人的要求难以被立即满足时,不妨直接向对方表示自己的歉疚之意,以求谅解。 (2) 转移式推托语:不具体纠缠于客人所提的某一具体问题,而是主动提出另外一件事情,以转移对方的注意力。 (3) 解释式推托语:推托客人时,说明具体的缘由,尽可能地让对方觉得自己的推托合情合理。
使用时应注意的问题	注意使用时的面部表情	1. 面带微笑。 2. 目光注视对方
	注意使用时的身体姿态	1. 应站立说话。 2. 应通过点头、简短的提问等表达对谈话的注意和兴趣

45

表 1-14 礼貌用语实训考核要求

考核项目		考核要求	是否做到	改进措施
礼貌用语	问候语	使用场合正确	□是 □否	
		使用方法正确	□是 □否	
		使用时的面部表情正确	□是 □否	
		使用时的身体姿态正确	□是 □否	
	迎送语	使用场合正确	□是 □否	
		使用方法正确	□是 □否	
		使用时的面部表情正确	□是 □否	
		使用时的身体姿态正确	□是 □否	
	请托语	使用场合正确	□是 □否	
		使用方法正确	□是 □否	
		使用时的面部表情正确	□是 □否	
		使用时的身体姿态正确	□是 □否	
	致谢语	使用场合正确	□是 □否	
		使用方法正确	□是 □否	
		使用时的面部表情正确	□是 □否	
		使用时的身体姿态正确	□是 □否	
	征询语	使用场合正确	□是 □否	
		使用方法正确	□是 □否	
		使用时的面部表情正确	□是 □否	
		使用时的身体姿态正确	□是 □否	
	应答语	使用场合正确	□是 □否	
		使用方法正确	□是 □否	
		使用时的面部表情正确	□是 □否	
		使用时的身体姿态正确	□是 □否	
	赞美语	使用场合正确	□是 □否	
		使用方法正确	□是 □否	
		使用时的面部表情正确	□是 □否	
		使用时的身体姿态正确	□是 □否	
	祝贺语	使用场合正确	□是 □否	
		使用方法正确	□是 □否	
		使用时的面部表情正确	□是 □否	
		使用时的身体姿态正确	□是 □否	
	推托语	使用场合正确	□是 □否	
		使用方法正确	□是 □否	
		使用时的面部表情正确	□是 □否	
		使用时的身体姿态正确	□是 □否	

（二）文明用语礼仪实训

(1) 实训时间:2 课时。

(2) 实训准备:形体训练室。

(3) 实训要求:掌握文明用语的使用规范要求;正确熟练地使用文明用语。

(4) 实训内容及操作规范见表 1-15。

(5) 考核要求见表 1-16。

表 1-15　文明用语礼仪实训操作规范

实训项目	实训要求	操作规范
文明用语	称呼恰当	1. 区分对象。 一是泛尊称;二是职业加泛尊称;三是姓氏加职务或职称。 2. 照顾习惯。 3. 分清主次。 4. 禁用忌语
	口齿清晰	1. 语音标准。 2. 语调柔和。 3. 语速适中。 4. 语气谦恭
	用词文雅	1. 不讲粗话。 2. 不讲脏话。 3. 不讲黑话。 4. 不讲怪话。 5. 不讲废话

表 1-16　文明用语考核要求

考核项目	考核要求	是否做到	改进措施
文明用语	称呼恰当	□是　□否	
	口齿清晰	□是　□否	
	用词文雅	□是　□否	
	语言简明	□是　□否	

自我检测

1. 常用的礼貌用语有哪些?
2. 什么是服务行业的文明用语?
3. 模拟实训:电信营业厅中电信营业员对客户的接待。

实训要求：

(1) 学生分组,模拟演练电信营业厅中,营业员对客户的接待。每组派出2人做营业员,2人做模拟客户。

(2) 要求模拟中必须使用服务用语完成"来有迎声"、"问有答声"、"去有送声"三声服务。

(3) 实训过程用摄像机记录,结束后回放并进行讨论。在教师的指导下找出问题并分析解决办法。

项目二 旅游服务礼仪

单元一 见面礼仪

教学目标

通过本单元的学习,了解握手、致意、介绍、名片的礼仪要求,学会正确运用日常交际礼仪,达到交际的目的。

教学内容

握手、致意、介绍、名片的礼仪要求。

学习方法

本单元为旅游服务礼仪基础知识学习,以课堂讲解和案例分析为主。

阅读资料:奇特的见面礼

南美洲圭亚那东部的依那族十分好客,但他们的礼节会使你胆战心惊。如果你去那里做客,主人会在门前离你几十步远的地方,向你连射四箭,箭头从你头顶上10cm~20cm处飞过。当地称这种礼节为"箭首"。迎客是这样,送客也是这样。

相关知识与技能

见面是交往的第一步,见面及见面时的礼节是旅游从业者留给公众第一印象的重要组成部分。心理学的研究成果表明:人们第一次见面对他人形成的"第一印象"最为深刻,难以改变,并且对以后的人际交往起着指导作用。因此,旅游从业人员对见面的礼仪规范应特别重视。

一、握手礼与致意礼

1. 握手礼

握手,是当今世界上最通行的相见礼节,也是在日常交往中最常使用的一种见面礼。它源于中世纪的欧洲,据传说,古代欧洲人见面时要伸出右手,以表明自己没有握着武器,是一种友善的表示。

1）握手礼的应用时机

握手是交际礼节的一部分，集欢迎、友好、祝贺、感谢、尊重、道歉、慰问、保重、告别等多种复杂感情于一体。

2）握手礼的应用要领

（1）握手礼的正确姿势。握手要注意姿势，一般在距离对方一步左右的地方站立，上身略微前倾，自然伸出右手（一定要用右手），四指并拢，拇指张开，掌心向上或略微偏向左，手掌稍稍用力握住对方的手掌，握力适度，上下稍许晃动几下后松开。握手时，要注视对方，面露笑容，以示真诚和热情，同时讲问候语或敬语。

（2）握手礼的顺序。握手礼的精神实质主要是尊重他人，但握手的礼仪顺序又应根据握手人双方的社会地位、年龄、性别和宾主身份来确定。一般遵循"尊者决定"的原则，即由身份尊贵的人决定双方有无握手的必要。在公务场合，先后顺序主要取决于职位、身份，社交场合和休闲场合主要取决于年龄、性别和婚否。一般来说，握手的基本顺序是：主人与客人之间，客人抵达时主人应先伸手，客人告辞时由客人先伸手；年长者与年轻者之间，年长者应先伸手；身份、地位不同者之间，应由身份和地位高者先伸手；女士和男士之间，应由女士先伸手。

（3）握手礼的力度。握手时，用力要适当，太轻则表示冷淡或傲慢，用力太猛或握着老是不放也是不对的。尤其是男士和女士握手一般不能握得太紧，且久久不放，令人尴尬，但老朋友可以例外，双手紧握对方显得更加亲密友好。

（4）握手礼的时间。握手的时间长短应根据双方的身份和关系来定，一般时间为1s～3s。

（5）握手礼的禁忌。

① 握手时，不要将左手插在裤袋里，不要边握手边拍人家的肩头，不要在握手时眼看着别处或与他人打招呼，无特殊原因不用左手握手，许多人在一起时避免交叉握手。

② 要站着而不能坐着握手，年老体弱或者残疾人除外。

③ 如果戴有手套，要把右手上的手套脱下，妇女有时可以不脱手套。

④ 一般情况下，不能拒绝别人伸出来的手，拒绝握手是非常失礼的。但如果是因为感冒或其他疾病，或者你的手脏，也可以谢绝握手。

2. 致意礼

社交场合除了使用握手礼以外，还有举手、点头、脱帽、欠身等见面礼仪，主要适用于已经相识的友人之间在大庭广众中的相互致意。

致意的基本规则同握手礼相仿，男士应先向女士致意，晚辈应先向长辈致意，未婚者应先向已婚者致意，职位低者应先向职位高者致意。

二、拥抱礼和亲吻礼

在欧美各国，人们在见面或告别时，经常使用拥抱礼。拥抱不但是人们日常交际的重要礼节，也是各国领导人在外交场合中的见面礼节，它是通过身体的某一部分的接触来表示尊敬、亲密和重逢的喜悦。

1. 拥抱礼

1）拥抱礼的应用时机

西方人在见面、告别、祝贺时应用拥抱礼，在商务往来中并不使用。

2）拥抱礼的应用要领

拥抱礼的标准做法是：两人正面对立，各自举起右臂，将右手搭在对方的左臂上方；左臂下垂，左手扶住对方的右后腰。首先向左侧拥抱，然后向右侧拥抱，最后再次向左侧拥抱，礼毕。拥抱时，还可以用右手掌拍打对方左臂的后侧，以示亲热。

2. 亲吻礼

西方礼俗的亲吻礼往往是以男女之间以及女子之间在见面时亲面颊、贴面颊或吻手代替相互间的握手。亲面颊既可由男士主动，也可由女士主动。一般而言，只亲吻其右颊，表示友谊；亲了右颊，再亲左颊，是至亲好友间的礼仪。

吻手礼流行于欧美上流社会异性之间，是男士以亲吻（微闭的嘴唇象征性地轻轻触及一下）女士手背或手指的一种表示敬意的最高层次的见面礼。行吻手礼仅限于室内，在一般公共场所或街上是不行此礼的。

在法国、波兰、乌克兰和拉美一些国家，对非常尊贵的已婚女士行吻手礼是男士有教养的一种标志。因此，在涉外场合，女士应了解此礼，镇静回应，表示友好。

三、鞠躬礼与拱手礼

1. 鞠躬礼

1）鞠躬礼的应用时机

鞠躬礼起源于中国的先秦时代，它与握手礼基本相同，只是更多地运用于东方人的交往中。在东南亚国家多行鞠躬礼，如朝鲜、韩国，特别是日本，人们以弯身行礼方式表达自己的尊重与敬佩。

2）鞠躬礼的应用要领

（1）鞠躬的深度视受礼对象和场合而定。一般问候、打招呼时施15°左右的鞠躬礼，迎客与送客分别行30°与45°的鞠躬礼，90°的大鞠躬常用于悔过、谢罪等特殊情况。

（2）行鞠躬礼必须脱帽。用右手握住帽前檐中央将帽取下，左手下垂行礼，用立正姿势。男士在鞠躬时，双手放在裤线稍前的地方，女士则将双手在身前下端轻轻搭在一起。注意头和颈部要梗住，以腰为轴上体前倾，视线随着鞠躬自然下垂，礼后起身迅速还原。敬礼时，要面带微笑，施礼后如欲与对方谈话，脱下的帽子不用戴上。

（3）受礼者应以鞠躬礼还礼，若是长辈、女士和上级，还礼可以不鞠躬，而用欠身、点头、微笑示意以示还礼。

2. 拱手礼

1）拱手礼的应用时机

中国人在传统礼节中十分重视抱拳拱手礼，即作揖。亲朋好友会面、聚餐、喜事祝贺、登门拜访、开会发言等，见面时互相行此礼。现在一般用于非正式场合且气氛比较融洽时，如我国传统的春节拜年、宴会、晚会等。

2）拱手礼的应用要领

行礼者首先立正，两手合抱，然后弯身，并将合抱的双手上下稍做晃动，即两手抱拳致意。施礼时，一般以左手包握在右拳上，双臂屈肘拱手至胸前，自上而下，或自内而外有节奏地晃动二三下。

3. 合十礼

1）合十礼的应用时机

佛教徒之间相互表示慰问、友好时运用合十礼，在东南亚和南亚信奉佛教的国家里，尤其是泰国，人们见面常常以施合十礼表示敬意。

2）合十礼的应用要领

合十礼又称合掌礼，即把两个手掌在胸前对合，掌尖和鼻尖齐高，手掌向外倾斜，头略低，兼含敬意和谢意双重意义。通常，双手举得越高，表示对对方的尊敬程度也就越高。注意：合掌掌尖允许最高高至前额，合掌举过头则是拜鬼。

四、介绍的礼仪规范

介绍就是向对方说明有关情况，或使双方相互认识。通过符合礼仪的介绍可以使互不相识的人之间缩短距离，消除误会，实现沟通，建立了解和信任的人际关系。介绍与被介绍是社交活动中相互了解的基本方式。按照介绍者分类，可以分为自我介绍和为他人作介绍。

1. 自我介绍。

1）自我介绍的时机

自我介绍要寻找适当的机会，如当对方正与人亲切交谈时，不宜走上前去进行自我介绍，以免打断别人的谈话。应在对方有兴趣、有需要时适时介绍。当对方一个人独处或者与人闲谈时，不妨见缝插针，抓住时机进行自我介绍。

2）自我介绍的方法

自我介绍要根据不同场合、对象和实际需要有目的、有选择性地进行介绍，不能够千人一面。一般性的应酬，介绍要简单明了，通常介绍姓名就可以了。工作性的自我介绍还要介绍工作单位和具体从事的工作。社交性的自我介绍则还需进一步介绍兴趣、爱好、专长、籍贯、母校、经历及与交往对象某些熟人的关系等，以便进一步交流和沟通。

2. 为他人介绍

1）为他人介绍的时机

为他人介绍，通常是介绍不相识的人相互认识，或者把一个人引见给其他人。

2）为他人介绍的方法

（1）征求意见。首先要了解双方是否有结识的必要或愿望，必要时可询问被介绍人的意见，以防为他人作介绍时冷场，也即应先打招呼，使双方互有思想准备。在为不同国籍人士作介绍时，宜先考虑两国的关系及是否建交等情况。

（2）姿势。介绍别人时，手势动作要文雅，无论介绍哪一方，都要五指并拢，掌心向上，指向被介绍一方。切记不要手指尖朝下，因为朝下是矮化对方的肢体语言。同时，不要以单指指人。

介绍人在作介绍时，还要注意态度，要热情友好、诚心实意，不要给人以敷衍了事或油腔滑调的感觉。在介绍一方时，应微笑着用自己的视线把另一方的注意力吸引过来。介绍后，双方都应注意趋前微笑、点头、目视对方，举止端正得体。

3）为他人介绍的顺序

介绍时，要坚持受到特别尊重的一方有了解对方的优先权的原则，即介绍有先后顺序。在社交活动中介绍的一般原则如下。

（1）先把男士介绍给女士。如遇男士地位崇高或位居高官的，则先将女士向男士介绍。

（2）先把晚辈介绍给长辈。一定要了解双方的年龄，通常适用于同性之间。

（3）先把职位低者介绍给职位高者。常用于正式的场合，并特别适用于职业相同的人士之间。

（4）把客人介绍给主人。

（5）将晚到者介绍给早到者。

（6）将未婚者介绍给已婚者。

总之，在介绍两个人互相认识时，要求是"尊者居后"的原则，即"尊者有优先知情权"。同时在语言表达上，要先称呼受尊敬的一方，再将介绍者介绍出来。上述介绍顺序已为国际所公认，颠倒和混淆它们的顺序，会产生令人不愉快的后果及引起国际友人的误会。

需要指出的是，遇到需要将一个人介绍给其他众多的在场者时，要按顺序依次进行，不能"跳跃式"介绍，否则会让人"丢面子"。当然，地位特别显赫的VIP客人可以破例。

五、名片的使用礼节

名片是一种经过精心设计、能表示自己身份、便于交往和开展工作的卡片。一张名片可以清清楚楚、简明扼要地记录下持有者的基本情况，便于双方保持联系，对于扩大社交面有促进作用。

阅读资料

名片在我国西汉时就已广为流行了。当时是以削竹、木为片，刻上名字，供拜访者通报姓名用。这种竹片、木片当时称为"谒"，东汉时改称为"刺"，又称"名刺"。以后改用纸后，又称"名纸"，现在普遍称为"名片"。

1. 名片使用的时机

名片多用于社交场合、公务场合和交往对象初次见面时介绍自己，便于双方联络。

2. 递送名片的要领

（1）应事先把名片准备好，放在易于取出的地方，如使用专用名片夹，以免要用时手忙脚乱，甚至拿不出来，显得不礼貌，甚至给对方留下不精干的印象。

（2）向对方递送名片时，要用双手的大拇指和食指拿住名片上端的两个角，名片的正面朝向对方，以便对方阅读，以恭敬的态度，眼睛友好地注视对方，并用诚挚的语调说道："这是我的名片，请多联系"，或"这是我的名片，请以后多多关照"。

（3）同时向多人递名片时，可按由尊而卑或者由近而远的顺序，依次递送。以独立身份参加活动的来宾，都应该递送名片，以免使人有厚此薄彼之感。特别忌讳向一个人重复递送名片。

（4）初次相识，双方经介绍后，如果有名片则可取出名片递给对方。如果是事先约定好的面谈，或事先双方都有所了解，不一定忙着交换名片，可在交际结束、临别时取出名片递给对方，以加深印象，表示愿意保持联络的诚意。

3. 接受名片的要领

（1）接受他人的名片时，应尽快起身或欠身，面带微笑，眼睛要友好地注视对方，并口称"谢谢"，使对方感受到你对他的尊重。

（2）接过名片后，应认真阅读一遍，最好将对方的姓名、职务轻声地念出来，以示敬重，看不明白的地方可以向对方请教。要将对方的名片郑重收藏于自己的名片夹或上衣口袋里，或者办公室显著的位置。

（3）妥善收好名片后，应随之递上自己的名片。如果自己没有名片或者没带名片，应当首先向对方表示歉意，再如实说明原因，如"很抱歉，我没有名片"或"对不起，今天我带的名片用完了"等。如果接受了对方的名片，不递上自己的名片，也不解释一下原因，是非常失礼的行为。

（4）接受了对方的名片，不要看也不看一眼就放入口袋，或者随手放在一边，也不要将其他东西压在名片上，或拿在手里随便摆弄。

六、称呼礼节礼仪

1. 姓名

各国人民的姓名有很大的不同，除文字的区别外，在姓名的组成、排列的顺序、名字的意义等方面都不一样。按姓名的构成和排列的顺序大致可以分为三种情况。

（1）前姓后名。姓名的结构和排列顺序与我国基本相同，姓在前面，名在后面。日本人的姓名多为四字组成，如"福田纠夫"、"小泽一郎"，前面两个字为姓，后面两个字为名。为了避免差错，与日本人交往时一定要了解姓名中哪部分是姓，哪部分是名。正式场合，把姓与名分开写，如"二阶 堂进"、"桥本龙太郎"等。日本妇女，婚前使用父姓，婚后使用夫姓，本人名字则一直不变。在日本，日常交往时，往往称其姓，在正式场合才使用全称。

姓名结构为前姓后名的国家还有韩国、朝鲜、越南、柬埔寨、新加坡等国家，另外，匈牙利也是姓在前，名在后。

（2）前名后姓。在英国、美国、加拿大、澳大利亚等讲英语的国家，人们的姓名一般由两部分组成，通常名字在前，姓氏在后。例如，比尔·克林顿，比尔是名，克林顿是姓。女子结婚前一般都用自己的姓名，结婚以后，姓名一般是自己的名加上丈夫的姓。在交往中日常只称其姓，加上"先生"，"小姐"等，而在正式场合，则应称呼其姓名全称，并加上"先生"、"小姐"等。

法国人的姓名一般由两节或三节组成，前一、二节为个人名字，最后一节为姓。西班牙人的姓名常由三、四节组成，前一、二节为本人名字，第三节为父姓，最后一节为母姓。俄罗斯人姓名由三节组成，分别为本人名字·父名·姓。阿拉伯人的姓名由四节组成，分别为本人名字·父名·祖名·姓。另外，泰国等国家人民的姓名也是名字在前，姓氏在后的排列。

（3）有名无姓。姓名结构只有名而无姓的人以缅甸、印度尼西亚等国为多。常见缅甸人名字前的"吴"不是姓，而是一种尊称，是"先生"的意思。缅甸人名字前常冠以表示性别、长幼、地位的字和词，如"杜"意为女士，"玛"意为姐妹，"郭"意为平辈，"哥"意为兄弟，"波"意为军官，"塞耶"意为老师。一位缅甸男子名"刚"，同辈称他为"哥刚"，如果有一定社会地位被称"吴刚"，如果是军官，则被称为"波刚"。

2. 几种主要的称呼方式

在正式的交往场合,称呼应当庄重、规范、得体,以表示对称呼对象的尊重和友好。经常选用的称呼主要有以下几种。

(1) 泛尊称。这种称呼几乎适合于各种社交场合。对男子一般称"先生",对女子称"夫人"、"小姐"、"女士"。应该注意的是,在称呼女子时,要根据其婚姻状况,已婚的女子称"夫人",未婚的女子称"小姐",对不知婚姻状况和难以判断的,可以称之为"女士"。在一些国家,"阁下"一词也可以作为泛尊称使用。泛尊称可以同姓名、姓氏和行业性称呼分别组合在一起,在正式的场合使用,如"克林顿先生"、"玛格丽特·撒切尔夫人"、"上校先生"、"秘书小姐"等。

(2) 职务称。在公司活动中,可以对方的职务相称,如"部长"、"经理"、"处长"、"校长",等等。职务性称呼还可以同泛尊称、姓名、姓氏分别组合在一起使用,如"周总理"、"桥本龙太郎首相"、"部长先生"等。对职务高的官方人士,如部长以上的高级官员,不少国家可称"阁下",但在美国和德国等国家没有称"阁下"的习惯。

(3) 职衔称。对交往对象拥有社会上备受尊重的学位、学术性职称,专业技术职称,军衔和爵位的,可以"博士"、"教授"、"律师"、"法官"、"将军"、"公爵"等称呼相称。这些职衔性称呼还可以同姓名、姓氏和泛尊称分别组合在一起在正式场合使用,如"乔治·马歇尔教授"、"卡特博士"、"法官先生"等。

(4) 职业称。对于不同行业的人士,可将被称呼者的职业作为称呼,如"老师"、"教练"、"警官"、"医生"等。对商界和服务业的从业人员,一般约定俗成地按性别的不同分别称为"小姐"、"先生"等。在这些职业称呼前面,还可以同姓名、姓氏分别组合在一起使用。

(5) 姓名称。在一般场合,彼此比较熟悉的人之间可以直接称呼他的姓名或姓氏。例如,"乔治·史密斯"、"张志刚",等等。中国人为表示亲切,还习惯在被称呼者的姓前面加上"老"、"大"或"小"等字,而免称其名。如"老王"、"小张"。更加亲密者,往往不称其姓,而只呼其名,如"志刚"、"卫东"等。

(6) 特殊性的称呼。对于君主制国家的王室成员和神职人员应该用专门的称呼。如在君主制国家,应称国王或王后为"陛下";称王子、公主、亲王等为"殿下";有爵位的应称爵位或"阁下"。对神职人员应根据其身份称为"教皇"、"主教"、"神父"、"牧师"、"阿訇"等。

除以上常用的称呼外,在交往中还有以"你"、"您"相称的"代词称"和亲属之间的"亲属称"。社会主义国家和兄弟党之间,人们还以"同志"相称。

3. 称呼禁忌

在交往中,称呼不当就会失敬于人、失礼于人,有时后果不堪设想,因此一定要注意称呼的禁忌。

1) 避免使用错误的称呼

称呼对方时,记不起对方的姓名或张冠李戴,叫错对方的姓名,都是极为不礼貌的行为,是社交中的大忌。尤其是外国人的姓名,在发音和排列顺序上同中国人的姓名有很大的差别,如果没有听清楚或没有把握,宁可多问对方几次,也不要贸然叫错。对被称呼者的年龄、辈分、婚否以及同其他人的关系做出错误判断,也会出现错误的称呼,如将未婚妇女称为"夫人"等。

2) 避免使用易产生误会的称呼

不论是自称还是称呼他人,都要注意不要使用让对方产生误会的称呼。例如"爱人",中国人常把自己的配偶称为"爱人",而外国人则将"爱人"理解为"婚外恋的第三者"。还有"同志"、"老人家"等,易让外国人产生误会的称呼不要使用。另外,也不要使用过时的称呼或者不通用的称呼,让对方不知如何理解。

3) 避免使用带有歧视、侮辱性的称呼

在正式场合,不要使用低级、庸俗的称呼或用绰号作称呼,如"哥们儿"、"姐们儿"、"死党"等。在任何情况下,绝不能使用歧视性、侮辱性的称呼,如"老毛子"、"洋妞"、"黑鬼"等。

尊重一个人,首先要从尊重一个人的姓名开始,从有礼貌的、友好的称呼开始。这对展示一个人的风度,形成良好的人际关系和社会风尚是十分重要的。

参考案例

礼仪效应

北京某公司秘书李祎一直想拥有一辆自己的轿车,以便解决每天上班坐公交车绕半个北京城的辛苦。在考察了多家车行的数款家用车之后,她看中了别克系列的一款银色轿车。这天是周末又是她的生日,她来到一家车行准备买车。到达车行时已是中午时分,车行销售人员正在吃饭,对她的到来并不十分关注。她孤独冷清地转着,那辆银色别克好像也不是那么醒目了。她转身走到隔壁一家车行,刚进门一位小伙子就满面笑容地走近向她问好,并亲切地向她介绍车行所代理的品牌。交谈中,李祎觉很开心并透漏了想在生日这天开上自己心爱的车的心愿。小伙子把她带到银色别克轿车前,然后就离开了。不多时,小伙子手捧一束玫瑰花出现在李祎面前。当他对李祎说出"生日快乐"时,李祎眼前的银色别克特别耀眼。她从这家车行开走了她心仪的车。

点评:

礼仪贯穿于组织各项工作的始终,在销售工作中如此,在其他工作中同样如此。重视礼仪对改善组织形象,提高职员的工作效率有积极作用。同时,礼仪效应也会为组织赢得良好的经济效益和社会效益。

七、见面礼仪实训

(1) 实训时间:2课时。

(2) 实训准备:形体训练室、名片等。

(3) 实训要求:掌握见面的基本礼仪规范。

(4) 实训内容及操作规范见表2-1~表2-6。

表2-1　见面礼仪实训操作规范(一)

实训内容	操作标准	基本要求
打招呼	1. 在相互熟悉的情况下,用得比较多的是标准式:"您好","各位好","大家好"。 2. 如果打招呼者不止一人,可统一打招呼,不一一具体到每个人;或由尊而卑,先招呼身份高者,后招呼身份低者;或由近而远,先招呼距离近者,再招呼距离远者	热情、规范、适当

表2-2　见面礼仪实训操作规范(二)

实训内容	操作标准	基本要求
握手	1. 方式。两人相距约一步,上身稍向前倾,伸出右手,拇指张开,四指并拢,手掌相握。 2. 时间。一般礼节性的握手不宜时间过长,两手稍稍用力一点,3s~5s即可。 3. 规则。年长者与年幼者、女士与男士、已婚者与未婚者、上级与下级、主人与客人,应由前者先伸出手,后者再相握	动作要专注,不可应付敷衍

表2-3　见面礼仪实训操作规范(三)

实训内容	操作标准	基本要求
致意	1. 举手致意。公共场合与远距离的熟人打招呼,一般不出声。只是举起右手,掌心朝向对方,轻轻摆一下即可。摆不动不要太大。 2. 点头致意。不宜交谈的场合,头微微向下一动,不必幅度太大,与熟人在同一地点多次见面或有一面之交的朋友在社交场合相见,均可以点头为礼。 3. 欠身致意。身体的上部微微向前一鞠,这种致意方式表示对他人的恭敬,适用范围较广。 4. 脱帽致意。微微欠身,距离对方稍微远一点儿的那只手脱下帽子,然后将脱下的帽子置于大约与肩平行的位置,向对方致以问候之意	在双方都意识到时应用,不过多吸引他人注意

表2-4　见面礼仪实训操作规范(四)

实训内容	操作标准	基本要求
鞠躬	1. 问候招呼,以腰部为轴,上体前倾,同时双手在体前,右手搭在左手上,视线落在对方鞋尖部分,行15°左右的鞠躬。 2. 迎客。基本动作同上,行30°的鞠躬礼。 3. 送客。基本动作同上,行45°或60°的鞠躬礼。	根据具体情景采用

表 2-5　见面礼仪实训操作规范(五)

实训内容	操 作 标 准	基本要求
自我介绍	1. 标准式。简单介绍姓名即可,用于熟人、同事、朋友之间。 2. 工作式。介绍本人的姓名、单位及其部门、担任的职务或从事的具体工作等,用于工作之中或正式沟通。 3. 礼仪式。介绍姓名、单位、职务等项目,但还应加入一些适宜的谦词、敬语等,适用于讲座、报告、演出、庆典、仪式等一些正规而隆重的场合	根据具体情景采用不同的方式
他人介绍	1. 不便直接作自我介绍,可以找一个既认识自己又认识对方的人作介绍。 2. 由他人作介绍,如果是身份高者或是年长者,听他人介绍后,应立即与对方握手,表示很高兴认识对方。 3. 由他人作介绍,如果为身份低者或年轻者,当将自己介绍给对方时,应根据对方的反应做出相应的反应	做好相应配合
为他人作介绍	1. 介绍顺序。把男士介绍给女士、年轻者介绍给年长者、地位低者介绍给地位高者、未婚者介绍给已婚者。 2. 重大活动中,适合把身份高者、年长者和特邀佳宾介绍给大家。 3. 将众人介绍给一个人,须按身份高低顺序进行介绍	规范、恰当

表 2-6　见面礼仪实训操作规范(六)

实训内容	操 作 标 准	基本要求
使用名片	1. 递送名片时,要把名片的正面朝向对方。 2. 递送名片时,口头上应有所表示,可说"请多多指教"之类的客套话。 3. 接受名片应双手或用右手接,并点头致谢,说几句客气话,接受后要认真地看一遍。 4. 看完后,把名片放进上衣口袋里或放入名片夹中,也可暂时摆在桌面上显眼的位置,注意不要在名片上放任何物品	动作和语言相互配合

注意事项

（1）忌急于表现自己。在不适当的时候打断别人的谈话,把自己硬插进去。

（2）忌夸大表现自己。在自我介绍中长篇大论,洋洋洒洒,说得太多。

（3）忌不敢表现自己。在介绍中躲躲闪闪、唯唯诺诺,生怕被别人摸了底而小看自己。

（4）忌不能表现自己。在介绍中吞吞吐吐、模棱两可,不能给人清晰的印象,甚至别人连名字都没有听清楚。

（5）在为他人作介绍时,应当避免详细热情地介绍一方,而无形中冷落了另一方,同时还应注意介绍的手势。

（6）最忌讳的是接过他人名片以后，看也不看，顺手一塞，或是乱丢。未经许可，也不要当着对方的面把名片让别人传看。

（7）忌胡乱随意散发自己的名片。

（8）忌逢人便要名片。

（9）假如自己暂时没有名片进行交换时，不宜说"我们单位小，都没有印名片"或"我没有职务"或"印不起名片"等，这样会有损自己单位形象，同时也贬低了自己。

（10）名片和存放名片的夹子，应避免放在臀部的口袋里。

（11）在交谈时不要拿着对方的名片玩耍。

（12）男士不宜主动给自己朋友的夫人或女朋友留下名片，以免发生不必要的误会。

（13）握手的力度要适当，过重或者过轻都不适宜。

（14）有礼貌地握手，手应该是洁净的，而且不能戴着手套。

（15）女士（身着礼服礼帽戴手套时）、军人不必脱下帽子，军人应先行军礼然后握手。

自我检测

1. 握手礼的意义及要领是怎样的？
2. 介绍有哪两种形式？其礼仪要求是怎样的？
3. 接递名片要领？名片有哪些用途？

单元二　电话通信礼仪

教学目标

通过本单元的学习，掌握电话语言的礼仪要求和接打电话的礼仪要求。

教学内容

电话语言的礼仪要求；接打电话的礼仪要求。

学习方法

本单元为电话服务技能礼仪知识学习，以课堂讲解和模拟演练为主。

相关知识与技能

随着我国社会经济的飞速发展，人们生活节奏、工作效率的快速提高，现代通信设施已成为人们彼此联系和互通信息的重要工具。但在频繁而又日常化的通信设施使用中,人们往往会忽视了通信礼仪的应用,从而造成通话双方的不快,最终损坏了组织或自身的形象。

在旅游活动中,不仅要求人们熟练地掌握使用电话的技巧,还要自觉维护自己的"电话形象",讲究使用电话的礼仪。在打电话、接电话以及使用移动通信工具时,做到知礼、守礼、以礼待人。

一、电话的语言要求

在电话传输的信号中包含着许多信息:说话人想做什么,要做什么,是高兴还是悲伤等,彼此都可以清晰地感知到,这些都取决于电话中的语言与声调。因此,电话用语要求礼貌,简洁明了,准确地传递信息。

1. 态度礼貌友善

当使用电话交谈时,不能简单地将对方视做一个"声音",而应看做是一个正在交谈的人。尤其是对于旅游服务人员来说,我们面对的是形形色色的旅游者。如果是初次交往,那么,这样一次电话接触就是服务人员在旅游者面前的第一次"亮相",应十分慎重。因此,在使用电话时,要多用肯定语,少用否定语,酌情使用模糊用语;多用致歉语和请托语,少用傲慢语、生硬语。礼貌的语言,柔和的声音,往往会给对方留下亲切之感。

2. 信息传递简洁

电话用语要言简意赅。在通话时,最忌讳吞吞吐吐、含糊不清、东拉西扯,正确的做法是问候完毕,即开门见山,直言主题,少讲空话、废话。

3. 控制语速语调

在电话通话中,应当保持语速适中、语气温和,旅游服务人员充满魅力的声音容易使对方产生愉悦感。如果语速太快,对方会听不清楚,显得应付了事;如果语速太慢,对方会不耐烦,显得慵懒拖沓;语调太高,对方听得刺耳,感到不柔和;语调太低,对方听得不清楚,感到有气无力。

4. 使用礼貌用语

旅游服务人员在使用电话与旅游者交流沟通时要注意使用礼貌用语。

二、接听电话的礼仪规范

如何接听电话,是旅游行业从业人员一项非常重要的职业素质要求。接电话的礼仪包括如下内容。

1. 迅速接听电话

接电话时,首先应做到迅速,力争在铃响三次之前就拿起话筒,这可以避免给打电话的人产生不良印象。电话铃响过三遍后才做出反应,会使对方焦急不安或产生不愉快。因此,旅游从业人员应做到听到电话铃声,迅速拿起听筒,在三声之内接听。

2. 问候并报单位或姓名

通话开始要问候,常用"您好",然后自报家门或自我介绍。如果是在单位接电话,要报出单位或部门的名称,如"您好,星光旅行社。"如果需要,还可表达愿意为对方效劳的意愿。如,"您好,宇翔宾馆总服务台。很高兴为您服务。"

3. 认真对话

在通话过程中,应当根据具体情况适时选择运用"谢谢"、"谢谢贵公司的信任"、"请问您还有其他需要吗"、"请"、"对不起"一类礼貌用语。

4. 耐心转告

认真聆听,弄清来电话的目的、内容。每个公务电话都重要,不可敷衍了事。如果对方要找的人不在,切忌只说"不在"就把电话挂了。要尽可能问清事由,委婉地探求对方来电目的,如自己无法处理,也应认真记录下来,避免误事,这样还可以赢得对方的好感。

5. 认真清楚地记录

接电话时,最好是左手拿话筒,这样做是为了便于右手记录或查阅资料。电话记录既要简洁又要完备。在记录时,应牢记 5W1H 技巧,即详细记下"When——何时、Who——何人、Where——何地、What——何事、Why——为什么、How——如何进行"等内容,并保留相关资料。认真记录,对接电话或者打电话具有相同的重要性。

6. 礼貌告别

如果主动结束通话,一般应征求对方意见,如"就谈到这里,好吗?"、"您看,这样行吗?",然后轻缓地挂上电话。

三、拨打电话的礼仪规范

1. 选择恰当的时间

有三个时段不宜打电话给别人,工作日早上 7 点以前或节假日 9 点以前,三餐时间,晚上 10 点以后。办公电话宜在上班时间 10min 以后和下班时间 10min 以前拨打。有午休习惯的人,也请不要用电话打扰他。电话交谈所持续的时间也不宜过长,一般以 3min～5min 为宜。尤其是办公电话,不可过久占线,更不可将办公电话当成聊天工具。

2. 认真准备

通话之前,应该核对对方单位名称、电话号码、受话人姓名,并做好打电话前的准备,如通话内容、相关资料、记录本等。

3. 确定对方单位和身份

电话接通时,必须先问候、确定对方的身份或单位名称,再自报家门,然后再告知自己找的通话对象以及相关事宜。

4. 报自己的身份和姓名

5. 有礼貌地通话

通话内容表达要尽量简洁明了,注意控制时间,一次电话的通话时间一般控制在 3min 为宜。

6. 有礼貌地结束通话

结束通话,一般由打电话的一方提出,应客气地道别,说一声"谢谢,再见"。

下面以酒店服务为例,阐述接听和打出电话的礼仪规范。

1）接听电话程序

（1）电话铃响,立即去接,一般电话铃响不超过 3 次,应拿起话筒。

（2）致以简单问候,如"早上好"或"您好",语气柔和亲切。

（3）自报酒店或部门名称或个人姓名（外线电话报酒店名称,内线电话报部门或岗位名称）。

（4）认真倾听对方的电话事由,如需传呼他人,应请对方稍候,然后轻轻放下电话,去传呼他人。

（5）如是对方通知或询问某事，应按对方要求逐条记下，并复述或回答给对方听。

（6）记下或问清对方通知或留言的事由、时间、地点和姓名。

（7）对对方打来电话表示感谢。

（8）等对方放下电话后，自己轻轻放下电话。

2）打出电话的程序

（1）预先将电话内容整理好（以免临时记忆而浪费时间）。

（2）向对方拨电话。

（3）待对方拿起电话，简单问候后，以同样的问候语回复对方。

（4）作自我介绍。

（5）使用敬语，说明要找通话人的姓名或委托对方传呼要找的人。

（6）按事先的准备逐条简述电话内容。

（7）确认对方是否明白或是否记录清楚。

（8）致谢语。

（9）再见语。

（10）等对方放下电话后，自己再轻轻放下电话。

四、移动电话接打礼仪

1. 使用手机要遵守公德

使用手机时，不能有意、无意地破坏社会公共秩序，要遵守社会公德。如不能在公共场合，尤其是楼梯、电梯、路口、人行道等人来人往处旁若无人地使用手机；不能在要求"保持安静"的公共场所，如音乐厅、美术馆、影剧院、歌剧院、医院等地使用手机；在观看运动员需要安静环境的体育比赛时，开会、上课、会见时，手机应关机或调至静音状态。

2. 使用手机要遵守相关安全规定

不要在驾驶汽车时使用手机或查看手机信息，以免发生车祸；不要在加油站或油库使用手机以免引发爆炸、火灾；不要在飞机起飞或飞行期间使用手机，以免干扰飞机通信信号。

参考案例

我们经理不在

某经理有事外出，不在办公室，由秘书张小姐代接电话。恰好有人打电话来找经理，张小姐拿起听筒先问一问："请问您是哪一位？"对方回答后，再说一句："我们经理不在。"说完便挂断了电话。张小姐作为秘书是否尽到了职责？

点评：

从本案例来看，秘书张小姐接听电话的礼仪欠缺，不具备基本的职业素质。接听电话时，先问候，自报家门，认真倾听对方的要求，热情转接，若对方要找的人不在，应问清楚来电事由，做好电话记录。

五、电话通信礼仪实训

（1）实训时间：2课时。
（2）实训准备：形体训练室、名片等。
（3）实训要求：掌握旅游服务人员接听和打出电话的礼仪规范。
（4）实训内容及操作规范见表2-7、表2-8。

表2-7 电话通信礼仪实训操作规范

实训内容	操作标准	基本要求
被叫服务礼仪	1. 接听电话，必先使用礼貌问候语"您好"，随后报出自己所在单位："这里是×××。" 2. 在通话过程中，发声要自然，忌用假嗓，音调要柔和、热情、清脆、愉快，音量适中，带着笑容通话效果最佳。 3. 认真倾听对方的讲话内容。为表示正在专心倾听并理解了对方的意思，应不断报以"好"、"是"等话语作为反馈。 4. 重要的电话要做记录。 5. 接到找人的电话应请对方稍等，尽快去找人，如果要找的人不在，应诚恳地询问"有事需要我转告吗？"或"告诉我您的电话号码，等他回来给您回电话，好吗。" 6. 接听电话时，遇上访客问话，应用手势（手掌向下压压，或点点头）表示"请稍等"。 7. 若接听的是邀请电话或通知电话时，应诚意致谢。 8. 通话完毕，互道再见后，应让来电者先收线，自己再放听筒	耐心、热情、负责任

表2-8 电话通信礼仪实训

实训内容	操作标准	基本要求
主叫服务礼仪	1. 通话前，应准备好通话内容，电话接通后应简明扼要地说明问题，不要占用太长的通话时间。 2. 如通话时间可能较长，应首先征询对方是否现在方便接听。 3. 当对方已拿起听筒，应先报出自己所在单位和姓名。若对方回应时没有报出他们所在单位和姓名，可询问"这里是×××吗"或"请问您是×××吗"，与对方确认后，可继续报出自己打电话的目的和要办的事由。 4. 在通话过程中，发声要自然，忌用假嗓，音调要柔和、热情、清脆、愉快，音量适中，带着笑容通话效果最佳。 5. 认真倾听对方的讲话内容，为表示正在专心倾听并理解对方的意思，应不断报以"好"、"是"等话语作为反馈。 6. 打给领导的电话，若是秘书或他人代接，应先向对方问好，后自报职务、单位和姓名，然后说明自己的来电目的；若领导人不在，可询问或商议一下再次通话时间	耐心、热情、负责任

注意事项

1. 嘴不要太靠近话筒,送给对方振痛耳膜的声音或失真的声音都是失礼的。
2. 不要在办公场所长时间打私人电话,不要用办公电话聊天。
3. 不将单位领导的私人电话号码和要害部门的电话号码随意告诉对方,尤其是私人住宅电话更不能随意透露。
4. 电话要轻拿轻放,啪地一声挂断电话是没礼貌、没教养的表现。

自我检测

1. 为什么要注重电话的起始语?它能起到什么作用?
2. 分别阐述旅游服务人员接听电话和打出电话各有什么礼仪要求?

单元三 旅游服务人员语言礼仪

教学目标

通过本单元的学习,应该掌握旅游服务语言并学会与人沟通的技巧,然后在实践中灵活运用。

教学内容

了解旅游服务语言礼仪的特点、原则、要求;掌握旅游服务人员口头语言技巧和体态语言技巧。

学习方法

本单元为实践技能学习,学生分组在教师指导下进行情景演练学习。

相关知识与技能

一切礼仪活动都离不开交谈。交谈是人们传递信息和情感,增长知识才能,增进了解和友谊的重要工具,也是沟通业务往来,建立良好人际关系的重要手段。通过交谈,能体现出一个人的思维能力、文化素质、道德品质等诸多内在因素。一个善于使用语言与他人沟通,并建立起良好关系的人,其事业必定能取得成功。旅游行业是一个与人打交道的行业,旅游行业服务人员应灵活运用旅游服务语言,掌握相关语言规范。

语言礼仪,是运用语言进行交际交流时应具有的礼仪规范,是一个人文明的标志,也是一个人文化、学识、修养、道德、情操、能力、才华等各方面素质的综合体现。

旅游语言礼仪,是指旅游服务人员在工作中运用语言文字进行交际交流、提供服务时必须遵守的相关规范。

一、旅游语言礼仪的特点和类型

1. 特点

1) 情感性

旅游语言在词语的运用,语音语调的高低,体态语的不同表达上都具备浓郁的情感色彩。

2) 语境化

语境化是指语言运用要适合语言表达时所处的具体环境。语境包括时代、社会、地域、文化以及交流双方的地位、处境等,对语言交流起着干预、制约和补充作用。

3) 繁简适当

繁简适当是指词语的繁简和表达的详略,要根据不同的语境、目的和对方的不同需要而定,当简则简,该繁就繁。

2. 旅游语言礼仪的类型

旅游语言礼仪分为口头语言礼仪、书面语言礼仪和体态语言礼仪三个类型。在具体运用中,口头语言礼仪往往与体态语言礼仪配合运用、综合协调、相辅相成。

二、旅游语言礼仪的要求

旅游语言礼仪的具体要求大致可以用六个字概括,即信、达、雅、清、柔、亮。

"信"是要求讲真语,不讲假话,表达诚实、态度诚恳、不夸夸其谈、不虚言妄语、不无中生有、不虚情假意。所谓"言必信,行必果",遵守诺言,实践诺言。

"达"是指用词准确,词达意致,表意清楚、明白、顺畅、完整,切忌啰嗦繁杂、冗长烦琐、词不达意。

"雅"是要求用词文明,多用谦辞敬语,给人以谦恭敬人、教养有素的感觉,杜绝粗话、脏话、黑话、怪话。其次要求用词文雅,尽量使用文雅的词语。

"清"、"柔"、"亮"是对有声语言声音色彩上的要求。"清"是要求咬字准确,吐词清楚,语音标准,清晰入耳;"柔"是要求语调语气柔和亲切;"亮"是要求语音欢快活泼,抑扬顿挫分明,明亮动听。

(一) 旅游服务人员口头语言礼仪的基本要求

口头语言礼仪,指旅游服务人员在工作中运用有声语言时必须遵守的相关语言规范。旅游服务人员的口头语言礼仪具有以下特点:①主动性。要求旅游服务人员主动、自觉地使用礼貌用语,真心诚意、自觉自愿。②约定性。旅游服务人员的口头语言有其特定的内容和形式,往往沿用已久,约定俗成,形成固定的格式。③亲密性。口头语言礼仪的运用主要是为了协调关系,拉近人际交往距离,利于人际交流。

1. 善于使用谦辞、敬语

(1) 谦辞用在对自己的言说称呼中。

(2) 敬语用在对别人的称呼表达中。

(3) 恰当地运用常用的礼仪客套话。

2. 恰当地称呼客人

(1) 要区别称呼对象。

(2) 称呼要区分场合。

(3) 要注意对方的身份和文化背景,顾及其地位、国别等。

(4) 注意尊重不同民族、不同国家的称呼习惯。

3. 掌握说话的分寸

(1) 要明确个人在说话场合中的身份,说好自己分内的话,体现自己的身份。

(2) 要考虑措辞,力求准确、恰当、委婉、平和,避免带伤害、刺激、激怒、挑衅的语言。

(3) 注意说话立场客观公正,态度温和,与人为善,尽量善意表达。

4. 尽量做到谈吐文雅得体

要真诚和善,多用文雅的语言,要特别注意避免口头禅。

5. 把握好说话的语气语调

语音要求清晰标准、明亮动听;语调要求柔和,音量适中,注意抑扬顿挫的变化;语气要求热情和婉,多用询问语气,少用、慎用祈使命令语气;语速要求用中速,快慢有致,避免过快或过慢。

6. 力争语言幽默、诙谐

幽默、诙谐能使旅游服务人员的语言锦上添花,要力求发挥个人的聪明才智,巧妙地运用语言技巧,给人以机智、幽默、诙谐的愉悦感受。

(二) 旅游服务人员常用礼貌用语的类型及规范运用

1. 称呼语

称呼语,是人们在交往中用来称呼的词语,使用合适的称呼语是社交活动中首要的礼仪。称呼语比较复杂,数量众多,形式多样。这在前面章节已经详细阐述,下面只简要提及。

(1) 通用的主要称呼方式。

① 一般称呼;

② 按职业称呼;

③ 按职称称呼;

④ 按职务称呼

⑤ 按军衔称呼;

⑥ 按亲属称呼;

⑦ 按姓名称呼。

(2) 旅游服务人员最常用的称呼语是敬称,除此以外,还有以下几种:

① 泛尊称,如先生、女士、小姐、夫人、太太等。

② 职业加泛尊称,如教授先生、秘书小姐等。

③ 姓氏加上职务职称等,张主席、李经理等。

2. 问候语

问候语是用来打招呼或问好的用语,是旅游服务人员与客人相见之时向对方表示欢迎、致以敬意、询问安好、表示关切的形式。

(1) 标准式问候语。一般在称呼语后加"好",如您好、各位好、诸位女士好等。

(2)时效式问候语。结合时间时令进行问候,如早上好、晚安等。

3. 迎送语

迎送语是欢迎或送别客人时的用语,分欢迎语和送别语。

(1)欢迎语。是用来迎客的,当客人进入自己的服务区时必须要有欢迎语。

(2)送别语。是送别客人时必须使用的语言。

4. 请托语

请托语是向客人提出要求或求助于他人时使用的语言。

(1)标准式请托语。主要用"请",如"请大家记住车牌号","请跟我来","请稍候","请让一让"等。

(2)求助式请托语。常用的有劳驾、拜托、打扰、帮帮忙、请多关照等。

(3)组合式请托语。

如"麻烦您让一让","打扰了,劳驾您帮我照看一下"等。

5. 征询语

征询语是向客人了解需要和想法的语言。常用的征询语有三种类型:

(1)主动式。适用于主动向客人提供服务时,如"您需要什么","我能为您做点儿什么吗?"等。

(2)封闭式。多用来询问客人的意见,一般提供一种选择方案,以便对方及时决定是否采纳。如"您觉得这种形式可以吗","您要不先试试?","您不介意我来帮帮您吧"等。

(3)开放式。是提供选择的征询,提出多种方案,让对方有多种选择的余地,能够显示对对方的尊重和体贴。如"您是喜欢浅色的还是深色的","您是想住单人间还是双人间","您打算预定豪华包间、雅座还是散座","这里有……您愿意要哪一种"等。

6. 应答语

(1)肯定式。用来答复客人的请求,常用的有"好","好的","是的","一定照办","很高兴能为您服务","我一定尽力满足您的要求"等。对于客人的请求要注意迅速及时地回复。

(2)谦恭式。用来回复客人的认同、满意、欣赏、赞扬、感谢,常用的有"请不必客气,这是我们应该做的","您过奖了","谢谢您的夸奖,我一定更加努力","您能够满意,这是我的荣幸"等。

(3)谅解式。用于回应客人因故对自己表达的歉意,常用的有"没关系","不要紧,您不必放在心上"等。

7. 致谢语

致谢语是表达谢意、感激的用语。有以下几种形式。

(1)标准式。通常用"谢谢",或者在后加称呼语或表示敬意的代词,如"谢谢您","太好了,谢谢您"等。

(2)加强式。为了强化谢意,可以在"谢谢"前加程度副词,如"多谢","非常谢","十分感谢","万分感谢"等。

(3)具体式。就某一具体事情道谢,致谢原因通常一并提及,如"给您添麻烦了","这次让您费心了","我们的事儿有劳您了"等。

8. 赞赏语

赞赏语,适用于称道或肯定他人时,运用恰当,常常能够改善关系、融洽感情,促进进一步交往。赞赏语要注意恰到好处。

(1) 回应式。用于回应客人的表扬、赞赏,常用的有:"哪里,我做得还很不够","承蒙您的夸奖,真是不敢当","得到您的夸奖,我真开心","您把我说得太好了,谢谢您"等。

(2) 认可式。用于回应客人的意见、建议或见解,常用的有:"是的","对的","您的观点非常正确","您真是行家","您真不愧是这方面的专家"等。

(3) 评价式,用于对客人予以正面评价,如"您真好","太好了","太棒了","您真有眼光","您真是高品位"等。

9. 祝贺语

祝贺语常用来表达对对方的善良、美好的心愿,常用的主要有应酬式和节庆式两种。

(1) 应酬式。如"祝您健康快乐","祝您万事如意","祝您一帆风顺","祝您马到成功","祝您心想事成","祝您吉星高照","恭喜您","祝贺您","真替您高兴"等。应酬式祝贺语的使用要注意切合情境,适合对方当时的情绪情形。

(2) 节庆式。常用的有"节日快乐","生日快乐","新婚快乐","新年好","恭喜发财","祝您开张大吉","祝您福如东海,寿比南山"等。

10. 推脱语

推脱语适用于无法满足对方的要求,或暂时不能马上满足对方的要求的情况。用推脱的形式来拒绝,要注意语言得体、语气委婉、态度友好。常用的方式有以下几种形式。

(1) 道歉式。如"真的很抱歉,我们条件还不够完善","实在对不起,我们能力有限"等。

(2) 转移式。如"对不起,您需要点别的吗","我们这里最著名(最好)的是……您要不要试试","这个与您要的看上去差不多,您看看行吗"等。

(3) 解释式。如"公司有明文规定,很抱歉,我无能为力","请原谅,我们有规定,不能满足您的要求。"

11. 致歉语

常用的有:"对不起","抱歉,打扰了","不好意思,请原谅","失礼了","失陪了","失言了","失敬了","有失远迎","真对不起","很对不起","请多多包涵","非常过意不去"等。

三、口头语言的声音表达技巧

(1) 音量适度。控制说话音量,一般用个人生活中自然的说话音量,以能够保证对方听清楚、听起来舒适且不费力为宜,除非特殊情况,不需加大音量。

(2) 音高适当。音高是声音清晰明朗、信息准确传递的有力保障,一般用个人说话音域中的中音,给人以平实稳重的听感。

(3) 语速适中。一般运用生活中与人随意交谈的自然语速为宜。语速过快,往往给人情绪激动、兴奋难抑的感觉;过慢,又让人觉得漫不经心、怠慢敷衍、不被信任。

(4) 语调自然。控制说话时的音量、音高、语速,使音量适度、音高适当、语速适中,从而形成自然、平和的语调。

(5) 语气适宜。语气一般以温和、亲切为宜,这样能够让对方感觉愉快,心生好感,从而有助于双方更好地交谈;语气生硬、拿腔捏调,只能让人心生不快,无助交流的顺利进行。

四、口头语言的语言技巧

1. 学会赞美

赞美是处世应当具备的基本条件之一,是人际交往的"润滑剂"。它能使人自信,使人具有进取心,它能缓解矛盾,使人们友好相处。在现实生活中,多少人在热烈的掌声中更加奋发;反之,多少人在责难怒骂声中消沉下去。因此,社会需要赞美,人更需要这种真诚的赞美。

2. 富于幽默

凡是具有幽默感的人,所到之处,皆是一片欢乐和融洽的气氛。在人际交往中,人们不可避免会碰到这样那样的难题,如果采用针锋相对、硬碰硬的方法,往往适得其反,非但解决不了问题,甚至会把小事酿成大事。幽默的高明之处,就在于它是一种婉转地表达思想的方式。它避开了矛盾的锋芒,比较容易被别人接受,同时,因为它能引发笑声,创造一种轻松欢快的氛围,从而化解因各种矛盾引起的紧张情绪和尴尬气氛。

3. 善于倾听

在现实生活中,有人健谈,口若悬河;有人木讷,期期艾艾,这些差别都是存在的。但是,不论对方如何木讷,如何不善辞令,既然是交谈,就要时刻注意给别人以说话的机会,而不能一个人唱"独脚戏",只管自己说得痛快,让别人插不上嘴。

五、旅游工作者的体态语言

体态语,包含人的手势、身体姿势、眼神、面部表情以及交际中相互的空间位置关系,是借助于神态情状和肢体动作来传递信息、表达感情、参与交际活动的。体态语言可以分为以下面几种。

(一)目光语

目光语,又称眼神,是面部表情的核心,人们在注视时,眼部所进行的一系列活动以及所呈现的神态。人的眼神能表达他的思想感情和对人及事物的倾向性,而且人们普遍对目光语具有一定的解读能力。

1. 目光语的特点

在交际中,目光语是通过视线的接触来传递信息的。眼睛被认为是人体传递信息的一个最重要、最清楚和最正确的部位,因为外界的信息约有80%通过眼睛传入大脑。

2. 目光语的常见表现形式

(1)从目光的投射方向看,一般归结为平视、上视、下视、旁视几种类型。

(2)从聚焦度来看,目光的典型状态大致可以分为注视、散视和移视三种。

(3)目光注视的区域。不同的注视区域所传达的信息不同,而且能被人们所普遍感知。公事注视区:位置在以双眼连线为底边,前额中心点为顶角顶点所构成的三角形区域。此区域的注视能够造成严肃、可信、有某种权威性的气氛,适用于公事活动和初次会面。社交注视区:位置在以双眼连线为底边,嘴的中心点为顶角顶点所构成的倒三角形区域。该区域的注视介于严肃与亲密之间,普遍适用于各种社交场合。亲密注视区:位置在以双眼连线为底边,胸部中心点为顶角所构成的倒三角形区域。注视该区域的体态语效果是使亲密的气氛出现,也表示对对方的某种特殊的兴趣,适宜于恋人、配偶及亲朋好友之间,否则将会被视为一种"准侵犯行为"。

3. 目光语的运用技巧

(1) 运用注视,表达你对客人的尊敬和关注。

(2) 运用环视,表现你对每一个客人的一视同仁和同等重视。

(3) 运用虚视,减轻心理压力,展现自己的勤勉和机敏。

(二) 微笑语

1. 微笑语的特征

微笑语是通过不出声的笑来传递信息的。微笑是仅限于脸部肌肉运动的收敛的笑,由从嘴角往上牵动颧骨肌和环绕眼睛的括纹肌的运动所组成的,并且左右脸是对称的。微笑语在人类各种文化中的含义是基本相同的,能超越文化而传播,是名副其实的"世界语"。

2. 微笑语的作用

微笑语在体态语中是运用最广、最具魅力的一种形式。美国喜剧演员博格说:"笑是两个人之间的最短距离",美国人际沟通学家卡耐基的"被人喜爱的六个秘诀"之一就是"用微笑对待他人"。微笑在传达亲切温馨的情感、有效地缩短双方的心理距离、增强人际吸引力等方面的作用显著,因而在旅游服务行业,微笑服务尤其受到推崇。在旅游工作中,微笑是最富有吸引力、最有价值的体态语。微笑能强化有声语言沟通的功能,增强交际效果;微笑还能与其他体语相结合,代替有声语言的沟通。

微笑作为一种表情,不仅是形象的外在表现,也是人的内在精神的反映,不仅有助于营造和谐、宽松的社会氛围,还有助于保持积极乐观的心态,进而利于身心健康。

3. 微笑语的修炼

(1) 微笑语的动作技术性练习。

(2) 微笑内在情绪的自我调节。

(三) 手势语

1. 手势语的类型

(1) 说明型手势。是起指示、解释作用的手部动作。指示性手势是最重要的指示性体态语言,在工作中经常用到,如给客人指路或引领客人。解释性手势是对所说事物的一种比画。

(2) 模拟型手势。是模拟具体事物或动作的形态,如手指相交模拟十字架,张开双臂模拟鸟的飞翔等。

(3) 象征型手势。是通过带象征性的手势表达某种抽象事物,如右手握拳于耳际表示宣誓,不断上举则是表示抗议了。

(4) 情绪型手势。是通过某种习惯性的动作表现人内心的某种感情情绪和心理状态。如摩拳擦掌,表现出跃跃欲试的心态;双手于胸前交叉握臂,表现的是防御、消极、紧张或故作镇定的情绪或态度。

2. 手势语的运用特点和要求

(1) 手势语的运用特点。手势语体现出鲜明的文化差异性,往往因文化不同而各有千秋,歧义性较大。不仅手势语差异大,而且使用频率也大相径庭。所以,要想有效发挥手势语的交际作用,还得了解、熟悉交际对象和环境的文化特性。

（2）手势语的运用要求。作为旅游服务人员,要重视手势语在交际中的作用,手势要求规范适度,不宜过多,应该显得落落大方、明确而热情,与全身配合协调,同时动作幅度不应过大,要给人以一种优雅、含蓄而彬彬有礼的感觉。对于个体而言,手势语的样式和变化比较有限,运用中一定要讲求简括,具体要求体现在以下三个方面。

① 精炼。用必要的、少量的手势动作去衬托、强调关键性的、主要的内容。

② 明确。使用含义明确的或约定俗成的手势,充分发挥手势语的补充、强调等表达作用。

③ 行业规范化。在配合口头表达或单独使用手势语时,要注意手势动作合乎行业规范。

（四）首语

首语,是通过头部活动来传递信息的,包括点头语和摇头语。一般而言,点头表示首肯,也可以是表示致意、感谢理解、顺从等意义;摇头则表示否定,还可以是表示对抗、高傲的意思。

但是,首语因文化和环境的差异而具有不同的表现形式,如表示首肯的:塞孟人是将头向前;巴基斯坦旁遮普和信德人是把头向后一扬,然后再靠近左肩;斯里兰卡人是将下巴低垂,然后朝下往左移等。表示否定的:土耳其和阿拉伯人一般将头抬起。特别是在保加利亚和印度的某些地方,他们的首语是"点头不算摇头算",形式恰好与常规相反。

参考案例1

微笑也要有分寸

某日,华灯初上,一家饭店的餐厅里客人满座,服务员来回穿梭于餐桌和厨房之间,一派忙碌气氛。这时,一位服务员跑去向餐厅经理汇报,说客人投诉有盘海鲜菜中的蛤蜊不新鲜,吃起来有异味。这位餐厅经理自信颇有处理问题的本领和经验,于是不慌不忙地向投诉客人的餐桌走去。一看,那不是熟主顾老食客张经理吗!他不禁心中有了底,于是迎上前去一阵寒暄:"张经理,今天是什么风把您给吹来了,听服务员说您老对蛤蜊不大对胃口……"这时张经理打断他说:"并非对不对胃口,而是我请来的香港客人尝了蛤蜊后马上讲这道菜千万不能吃,有异味,变了质的海鲜,吃了非出毛病不可!我可是东道主,自然要向你们提意见。"餐厅经理接着面带微笑,向张经理进行解释,蛤蜊不是鲜货,虽然味道有些不纯正,但吃了不会要紧的,希望他和其余客人谅解包涵。不料此时,在座的那位香港客人突然站起来,用手指指着餐厅经理的鼻子大骂起来,意思是,你还笑得出来,我们拉肚子怎么办？你应该负责任,不光是为我们配药、支付治疗费而已。这突如其来的兴师问罪,使餐厅经理一下子怔住了! 他脸上的微笑一下子变成了哭笑不得。在这种情况下,他想总不能让客人误会刚才我面带微笑的用意吧,又何况微笑服务是饭店员工首先应该做到的。于是,他仍旧微笑着准备再做一些解释,但,这次的微笑更加激怒了那位香港客人,甚至于摆出了想动手的架势,幸亏张经理及时拉拉餐厅经理的衣角,示意他赶快离开现场,否则简直无法收场了。事后,这一微笑终于使餐厅经理悟出了一些道理来。

点评：

"微笑服务"是旅游行业服务人员的待客要求，也是其基本职业素质的体现，但微笑要注重场合，就像以上案例所述，餐厅经理的微笑显然让客人"怒火中烧"。

参考案例2

筷落风波

时间：元旦至春节期间

地点：某宾馆多功能餐厅

[场景]众多的宾客在恭贺台湾吴老先生来大陆投资，吴老先生神采飞扬，高兴地答谢着这些祝贺的话。宾主频频碰杯，服务小姐忙进忙出，热情服务。不料，过于周到的服务小姐稍不慎，将桌上的一双筷子拂落在地。"对不起"，服务小姐忙道歉，随手从邻桌上拿过一双筷子，脱去纸包，搁在老先生的台上。吴老先生的脸上顿时多云转阴，煞是难看，默默地注视着服务小姐的一连贯动作，刚举起的酒杯一直停留在胸前。众人看到这里，纷纷帮腔，指责服务小姐。小姐很窘，一时不知所措。吴老先生终于从牙缝里挤出了话："晦气，"顿了顿，"唉，你怎么这么不当心，你知道吗，这筷子落地意味着什么？"边说边瞪大眼睛："落地即落第，考试落第，名落孙山，倒霉呀，我第一次在大陆投资，就这么讨个不吉利。"服务小姐一听，更慌了，"对不起，对不起，"手足无措中，又将桌上的小碗打碎在地。服务小姐尴尬万分，虚汗浸背，不知如何是好，一桌人有的目瞪口呆，有的吵吵嚷嚷地恼火，有的……就在这时，一位女领班款款来到客人面前，拿起桌上的筷子，双手递上去，嘴里发出一阵欢快的笑声："啊，吴老先生。筷子落地哪有倒霉之理，筷子落地，筷落，就是快乐，就是快快乐乐。""这碗么，"领班一边思索，同时瞥了一眼服务小姐，示意打扫碎碗。服务员顿时领悟，连忙收拾碎碗片。"碗碎了，这也是好事成双，我们中国不是有一句老话吗——岁岁平安，这是吉祥的兆头，应该恭喜您才是呢。您老这次回大陆投资，一定快乐，一定平安。"刚才还阴郁满面的吴老先生听到这话，顿时转怒为喜，马上向服务小姐要了一瓶葡萄酒，亲自为女领班和自己各斟了满满一杯。站起来笑着说："小姐，你说得真好！借你的吉言和口彩，我们大家快乐平安，为我的投资成功来干一杯。"

点评：

分析整个过程，服务人员的语言起着非常重要的作用。这位餐厅领班利用谐音的巧妙解释，"筷落"与"快乐"谐音，"碎"与"岁"谐音化解了客人心中的疙瘩，使客人转怒为喜。

参考案例3

如此服务用语

在某地一家饭店餐厅的午餐时间，来自台湾的旅游团在此用餐，当服务员发现一位70多岁的老人面前是空饭碗时，就轻步走上前，柔声说道："请问老先生，您还要饭吗？"那位先生摇了摇头。服务员又问道:"那先生您完了吗?"只见那位老先生冷冷一笑,说:"小姐,我今年70多岁了,自食其力,这辈子还没落到要饭吃的地步,怎么会要饭呢?我的身体还硬朗着呢,不会一下子完的。"

点评:

由此可见,由于服务员用词不合语法,不合规范,不注意对方的年龄,尽管出于好心,却在无意中伤害了客人,这不能怪客人的敏感和多疑。

参考案例4

热情有度

杨琪被派到一位意大利来京工作的专家家里做服务性工作。因为她热情负责、精明强干,起初专家夫妇对她的印象很不错,她也把自己当成了专家家庭里的一名成员。有一个星期天,那位意大利专家偕夫人外出归来。小杨在问候他们以后,如同对待老朋友那样,随口便问"你们去哪里玩了?"专家迟疑了良久,才吞吞吐吐地相告:"我们去建国门外大街了。"小杨当时以为对方累了,根本未将人家的态度当成一回事,于是她接着话又问:"你们逛了什么商店?"对方被迫答道:"友谊商店。""你们怎么不去国贸大厦和赛特购物中心看看,秀水街的东西也挺不错的。"小杨好心好意地向对方建议。然而,她的话还没有全部说完,专家夫妇却已转身离去了。两天后,杨琪就被辞退了。对方提出的理由是"杨小姐令人讨厌,她对主人的私生活太感兴趣了。不然,她打听这个打听那个干什么?我们去哪一家商店关她何事。"

点评:

杨琪当时对主人所讲的话全是出自善意。在中国人听起来,那些话体现了小杨待人的热情友善。可是,由于文化背景的不同,那位意大利专家却因此而认定小杨有着"窥视癖",她的所作所为已经妨碍了自己的私生活,所以才忍无可忍了。因此,在交谈问候时,要根据不同的风俗习惯,掌握好问候的技巧。

参考案例5

微笑写在脸上,真情深藏心中

某日,由北京飞往成都的航班,因成都大雾锁城,推迟起飞了六个小时。虽然是"天公"不作美,责任不在乘务员,但乘客们仍然怨声载道。乘务员们脸上带着理解的微笑,默默地倾听着旅客的怨言。飞机起飞了,乘务员顾不得自己站得酸痛的双腿和僵硬的腰背,仍保持着高度的工作热情投入到服务中。她们不停地为旅客送饮料、送餐食,为需要阅读的旅客打开阅读灯,为需要休息的旅客搭上毛毯……旅客们看到乘务员忙得跑前跑后,有人关爱地说:"小姐,你们也辛苦了,休息会儿吧。"听到这暖心的话,乘务员们感动了。是啊,微笑就如同一根情感的纽带,将乘务员与旅客紧紧地系在一起,彼此理解,彼此关心……曾有一位旅客在留言纸上这样写道:"你们的微笑是从心底流淌出来的暖流,你们的真情恰似早春的阳光暖在我们的心头,可爱的姑娘——旅客的贴心人!"

点评:

　　微笑,双眼平视,眼神自然温和,嘴角向上微翘。"微笑服务"是这么简单吗?回答肯定是"不"。优秀航空乘务员告诉我们,在工作中对旅客除了要有标准化、程序化、规范化、制度化的服务外,一定还要注意情感服务,也就是"用心服务"。"用心服务"即是把真挚的情感交流渗透到原本是货币交换关系的服务中去。在老年旅客面前,我们应给予子女般的微笑,那是一种充满关心又带着尊重的笑容;在小旅客面前,我们就用像母亲般的微笑,那是一个充满疼爱又包含呵护的微笑;在同龄旅客面前,我们应施以朋友般的微笑,那是一个带着理解又容易沟通的笑容;在病人面前,我们应展露医生般的微笑,那是一个充满宽慰和鼓励的笑容。微笑服务需要我们付出心血和智慧,需要付出努力和牺牲;微笑服务就是需要我们用心去体会和感受的一个课题,它并不是简单的公式或单一的程序,而是一扇通向旅客内心的大门。

自我检测

1. 旅游语言礼仪的特点、类型及要求是什么?
2. 旅游工作者常用的礼貌用语有哪些类型?

单元四　导　游　礼　仪

【教学目标】

　　通过本单元的学习,应该掌握导游迎送服务礼仪,导游带客游览、购物礼仪,导游语言礼仪,然后在实践中灵活运用。

【教学内容】

　　导游迎送服务礼仪;导游带客游览、购物礼仪;导游语言礼仪。

【学习方法】

　　本单元为实践技能学习,学生分组在教师指导下进行情景演练学习。

【相关知识与技能】

　　导游是旅行社的灵魂。导游员处在接待第一线,与游客接触时间长,导游工作对整个旅游接待工作的成败起着重要作用。在与游客的交往中,导游员应注意礼貌礼节,尊重各国、各地区、各民族的风俗习惯,了解他们不同的礼俗,做到热情友好、不卑不亢、以礼相待,使游客满意。

一、导游员的基本礼仪规范

1. 仪容仪表

一名合格的导游员,首先应该注意自己的仪容仪表。在日常导游工作中可以着工作服和各式便服,但必须注意着装的一些基本原则和各式服装的穿法和禁忌,如夏季男士不能穿圆领汗衫、短裤;女性不能穿超短裙;面对客人讲解时,不能戴太阳镜等。进入室内、场内,应摘帽、脱掉大衣、手套、太阳镜、风雨衣等。

2. 导游时的礼节

(1)接待旅游者时,要首先向游客问好,然后主动做自我介绍,同时也向游客介绍其他工作人员和司机等。介绍时,要面带笑容,语气亲切,态度热情。

(2)不要主动和旅游者握手,但旅游者伸手时应热情大方地与其握手。

(3)旅行社的徽章或者标牌应佩戴在服装左胸的正上方,导游证应佩戴在胸前。

(4)尊重老人和女性,爱护儿童。进出房门、上下车,要让老人、妇女先行,对老弱病残幼等要主动给予必要的协助和照料。

(5)带团过程中,与客人在一起的时候,不得抽烟,不吃有异味的食品。

(6)导游员讲解时,表情要自然大方,语气语调自然亲切,声音要大小适中,使用话筒音量、距离要适当。

(7)导游时,可适当做些手势,但宜少不宜多。动作不要过大,不要手舞足蹈、指手画脚。要根据不同文化背景来使用手势,不要使用一些不恰当的手势。在清点车上游客数量时,切忌用手指指点点。

(8)旅游者提问时,要耐心听取,并及时做解答。如果自己正在说话或导游时,可亲切示意对方稍等,待自己说话告一段落时再解答旅游者的提问,不可视而不见、充耳不闻。

(9)导游过程中,要平均分配自己的注意力,尽量照顾全体成员,不可冷落任何人,要照顾、配合全体成员行走步伐的快慢。

3. 进出客人房间的礼节

(1)有事到客人房间时要预先约定,并准时到达。进门前,要先敲门,经允许后方可进入。

(2)尊重客人的作息习惯,尽量避免在作息时间或深夜打扰对方。有急事需要见面而又未经约定前去打扰时,应先表示歉意,说明打扰原因,并及早离开。

(3)除特殊情况外,一般不要站在房间门口与客人谈论日程或谈论问题。事先没有约定的谈话,时间一定要短。

(4)不要随便去客人房间,尽量不要单独去异性客人的房间,如果情况需要,进房后门要半掩着。

(5)在室内,未经主人同意,即使是熟悉的朋友,也不要随意触动、翻看客人的物品、书籍等。

(6)如有事到客人房间,在客人没有示意请坐时,一般不要自己先坐下,更不要坐在客人的床上。尽量不要使用客人房间的卫生间。

二、导游迎送服务礼仪

旅游团队接送是导游员的一项十分重要的工作,接团工作的礼仪是否周全,直接影响着旅行社和导游员在客人心目中的第一印象。而送团则是带团的最后一项工作,如果前面的工作客人都非常满意,但送团工作出现了礼貌不周的问题,同样会破坏旅行社和导游员在客人心目中的整体形象,并使陪团前期的努力前功尽弃。为此,搞好导游服务工作,迎送礼仪是十分重要的。

(一)迎客礼仪

1. 接团准备

(1)了解基本情况。包括旅游团名称、领队情况、旅游团人数,团员姓名、性别、年龄、职业、国籍、民族、饮食习惯、宗教信仰及受教育程度等。

(2)了解接待标准。包括该团的费用标准和住房情况。

(3)掌握团队的游览日程和行程计划。包括抵、离旅游线路各站的时间以及交通工具类型和航班车次、接站地点等。

(4)熟悉景点介绍。熟悉旅游团途经的各城市和旅游点的情况,包括历史、地理、人口、风俗、民情等。了解客人所在国家或地区的历史、地理、文化、政治、经济及近期重要新闻等。

(5)领取和备齐身份证、工作证、导游证、导游图、导游胸卡、个人名片、通讯录、记事本、喇叭、导游旗、接站牌和旅途备用金。若去边境口岸、特区等地,还需事先办理有关的通行证。

(6)地陪要适时核对接待车辆、就餐安排、交通购票等落实情况,要确定与接待车辆司机的接头时间和地点。

2. 接站服务

(1)导游员应按规定着装,佩戴导游胸卡、打社旗和持接站牌提前至少30min到达机场、车站或码头。

(2)客人抵达后,导游员要主动持接站牌上前迎接,先自我介绍,再确认对方身份,寒暄问候、核对团号、实际抵达人数、名单及特殊要求等。协助提拿包裹,办理有关手续。

(3)引导客人乘车。要尊重老人和女性,爱护儿童。上下车时,导游员应站在车门旁,要让老人、妇女先行,对老弱病残幼等要主动给予必要的协助与照料,如需要应用手护住门顶以防客人碰头。

(4)导游员协助客人上车就坐后,应礼貌地清点人数,注意不要用手指点数,待一切无误后请司机开车。

(5)在途中,应代表组团社或地接社及个人致欢迎词。致辞应包括热情的欢迎、诚恳的介绍(导游员和司机)、提供服务的真诚愿望以及预祝旅途愉快的祝愿等内容。要力求简短、精彩,不可千篇一律,要视不同国家、不同旅游团而有所区别。

(6)在前往饭店的路上,导游员要注意观察客人的精神状况,如客人精神状况较好,可就沿途景观进行介绍,并向客人介绍日程安排、活动项目及停留时间等。在向客人宣布日程安排前,应主动与领队交换意见,询问客人有无其他要求。如客人较为疲劳,则可让客人休息,在适当场合再作介绍。

(7)抵达饭店途中,导游员要向客人介绍所住饭店的基本情况,包括饭店的历史、等级、建筑面积、客房数量、地理位置、各项设施及服务项目等有关情况。

3. 入住服务

（1）导游员要协助团队办理入住手续，协助领队分配住房。分发房号后，导游员要了解客人的住房位置、安全通道等，记住领队房号，同时将自己的房号、电话告之领队及游客。

（2）核对客人的行李件数，同时督促行李员把客人的行李送至客人房间。

（3）要了解客人的健康状况，以便给予适当的照顾和安排。

（4）客人进房前，应先介绍就餐形式、地点、时间及有关规定（如酒水费用是否需要自付等），并简单介绍游程安排，宣布第二天日程细节。

（5）客人用第一餐时，导游员要亲自带领他们进入餐厅，介绍用餐的有关事项。

（6）及时处理客房存在的问题。客人进入客房后，导游员应对客人行李是否未到或发错，房间是否清洁卫生，门锁有无故障，热水供应、空调运转是否正常等问题再次核实。如存在问题，导游员应及时协助有关人员妥善解决，并向客人说明、致歉。

（7）如有需要，安排好叫早服务。

（二）送客礼仪

（1）旅游团离开本地之前，导游员应根据客人离去的时间，提前预订好下一站旅游或返回的机（车、船）票；客人乘坐的车厢、船舱尽量集中安排，以利于团队活动的统一协调。

（2）送客前安排好结算、赠送礼品、摄影留念、欢送宴会等事宜。赠送礼品应方便携带，突出地方特色，具有保存价值。

（3）协助办好行李交接。离开饭店前，导游员应提醒客人整理好自己的物品，打好托运的行李。与领队核对行李件数，检查是否符合托运标准，同时与饭店以及行李员共同办好交接手续。

（4）出发前，要提醒客人不要遗忘自己的物品，不要带走房卡。上车后，仔细清点客人人数。要将客人的各种证件、护照等，亲手交给客人或领队。

（5）致欢送辞，应使对方感受到自己的热情、诚恳、有礼貌和有教养，祝大家旅途愉快。

（6）按导游工作程序规定的时间要求到达机场（车站、码头）：送国内航班，应提前90min到达机场；送国际航班，应提前2h抵达机场；送火车或轮船应提前60min到达车站或码头，并请领队确认行李件数和位置。

（7）火车、轮船开动或飞机起飞后，应向客人挥手致意，祝客人旅途一路顺风，然后再离开。若客人乘坐的车、船、飞机晚点，应主动关心客人，必要时需留下与领队共同处理有关事宜。如果自己有其他事情需要处理，不能等候很长时间，应向客人说明原因并表示歉意方可离去。

三、带客游览服务礼仪

1. 出发前服务

（1）导游员应提前到达集合地点，并督促司机做好出发前的各项准备工作。

（2）核对、商定活动安排。在带客游览之前，导游员应与领队商定本地活动安排并及时通知客人。对客人要求合理又能满足的项目，应积极安排；对无法满足的要求，应耐心解释；对违反我国法律和国情的要求，应拒绝并说明。

(3)出发前,导游员应在客人就餐时向客人表示问候,向客人报告当天天气情况,并了解客人的身体状况,重申出发时间,乘车或集合地点,提醒客人加带衣服、换鞋,带好必备用品,如手提包、摄像机、照相机及贵重物品等。

(4)客人上车后,导游员应及时清点人数,若发现有人未到,应向领队或其他团员问清原因,并将不参加活动的客人人数、姓名、原因及房号通知旅行社;若有生病不能参加活动的客人,须交待清楚是否需要医生治疗等;若出发时间已过,又不知未到者在何处,则应征求领队意见决定是否继续等候,若决定不等,导游员必须将情况通知旅行社内勤处理。总之,若有缺席者,必须了解原因并做妥善安排。

2. 乘车服务

(1)出发乘车时,导游员应站在车门口照顾好客人上车,要主动帮助客人提拿物品,并轻轻放在车上。对客人中的老幼弱残者,要特别细心地予以照顾。上下车时,应主动照顾搀一把或扶一程。客人中有男有女时,应照顾女士先上车。

(2)引导客人乘车,要注意位次。若乘小轿车,应安排年长或位尊者坐在车后排右边位置,导游员坐在后排左手位置或司机旁边。乘面包车,其座位以司机之后车门开启处第一排座位为尊,后排次之,司机座位前排座位为小;中型或大型巴士,以司机座后第一排,即前排为尊,后排依次为小。其座位的尊卑大小,依每排右侧往左侧递减。

3. 途中服务

(1)在去旅游点的路上,导游员切忌沉默不语,要向客人介绍本地的风土人情、自然景观,特别是沿途的景象,回答客人提出的问题。

(2)抵达景点前,应向客人介绍景点的概况,尤其是景点的历史、价值和特色。还可根据客人特点、兴趣、要求穿插一些历史典故、社会风貌等,以增加客人的游兴。

(3)到达景点时,应告诉客人该景点停留的时间、集合的时间和地点以及有关注意事项,如卫生间位置、旅游车车号以及保管好钱物等。

4. 游览服务

(1)带客游览过程中,导游员要认真组织好客人的活动。应保证在计划的时间与费用内让客人充分地游览、观赏,做到讲解与引导游览相结合、适当集中与分散相结合、劳逸适度,并特别照顾老、弱、病、残的客人。导游过程中,要照顾全体客人,不可只与一两个人说话而冷落了其他人。要注意给客人留有摄影时间。

(2)游览过程中,导游员的讲解要力求准确,应包括该景点的历史背景、特色、地位、价值等方面的内容,做到条理清楚、繁简适度。语言要生动形象,富于表现力。可视客人情况适当穿插历史典故、神话传说等形式以提高客人兴趣。

(3)导游员讲解时,表情要自然大方,声音大小要适中,使用话筒音量、距离要适当。讲解时,可适当做些手势,但动作幅度不宜过大,不得手舞足蹈、指手画脚。讲话时,应面对客人;讲解时,不得抽烟。

(4)游览途中,导游员要特别注意客人的安全,要自始至终与客人在一起并随时清点人数,以防客人走失。要提醒客人看管好所带财物,防止发生丢失、被盗现象。对于行走困难的地方,要陪伴照顾好年老体弱者,以防发生意外。客人提出要求需要帮助时,应尽可能使客人满意。

(5)与客人交谈时,一般不要涉及疾病、死亡等不愉快的话题;不谈荒诞离奇、耸人听闻、黄色淫秽的事情;对方不愿回答的问题不要追问;遇到客人反感或回避的话题时,应表示歉意,立即转移话题;与外宾交谈,一般不议论对方国家的内政;不批评、议论团内任何人;不随便议论宗教问题;与女宾交谈要谨慎,不要开玩笑;对宾客不要询问对方收入、婚姻状况、年龄、家庭、个人履历等私人问题。

5. 返回途中服务

(1) 全天活动结束后,返回途中,导游员要向客人宣布第二天的活动日程,早餐的时间与地点以及出发时间、地点等。

(2) 抵达饭店后,导游员要主动向领队征求意见,了解客人对当天活动安排的反应,对当天遇到的问题要与领队和客人共同协商解决。

(3) 与客人告别时,要表达良好的祝愿,如"做个美梦"等。

(4) 向饭店前台确认叫早服务时间。

四、带客购物服务礼仪

(1) 根据旅游团客人的要求,合理安排客人购物。如无此要求,不得强加于人。

(2) 去购物途中,要向客人介绍本地商品的特色,教客人鉴别商品的知识,当好客人的购物顾问。下车前,要交代清楚停留时间及有关购物的注意事项。

(3) 注意前后态度要一致,不能介绍景点时简单、敷衍,讲到购物就热情高涨,否则会引起客人的猜疑和不信任。

(4) 导游员应严格遵守导购职业道德,应将客人带到商品质量好、价格公平合理的商店,而不应该唯利是图,为了一点"好处费",昧着良心违背职业道德,与不法经营者相互勾结,损害旅游者的利益。

(5) 如遇小贩强买强卖,导游员有责任提醒客人不要上当受骗,导游员不得向客人直接销售商品,不能要求客人为自己选购商品。

五、导游语言服务礼仪

(一) 导游语言的基本要求和运用原则

1. 导游语言的基本要求

(1) 语音、语调要适度、优美。

(2) 要正确掌握语言节奏。

(3) 合理运用修辞手法和格言典故。

(4) 善于察言观色,注意把握时机。

2. 导游语言的运用原则

(1) 表述准确。导游员在宣传、讲解和回答游客的问题时,必须准确无误。导游员的表述越准确,说明导游语言的科学性越强,越能吸引游客的注意,越能满足他们的求知欲,导游员也会受到更多人的尊重。

(2) 传播清晰。导游讲解是一种信息传播工作,因此,清晰地表达信息是成功实现传播效果的先决条件。要使导游讲解语言清晰明白,导游员要口齿清晰、线索清晰、解说清晰、语义清晰。

(3) 内容生动。生动形象、幽默诙谐是导游语言美之所在,是导游语言艺术性和趣味性的具体体现。生动形象、妙趣横生、发人深省的导游讲解能起到引人入胜、情景交融的作用,是导游员高超服务技能的突出表现之一。

（4）灵活多变。导游员应根据不同的对象和时空条件进行讲解，注意因人而异、因时而异、因地而异。无论是在日常交流还是在实地讲解时，导游员都要灵活使用导游语言，使自己的口头语言适合不同游客的文化修养和审美情趣，满足他们不同层次的审美要求。

（二）致辞服务礼仪

1. 欢迎辞

致欢迎辞是沟通导游与旅游者的第一座桥梁所以，导游员在接团时应认真准备，根据不同客人的特点，选择不同的欢迎辞模式。但无论采用何种模式，欢迎辞通常应包含以下几项内容。

（1）向团队客人问候，并代表旅行社表示热烈欢迎；

（2）自我介绍，包括自己的姓名和职务，司机的姓名和所驾车的牌号以及其他参加接待人员的姓名和职务；

（3）简要介绍当地风土人情和游览目的地的基本情况以及接团后的大致安排，使旅游者心中有底；

（4）表明自己的工作态度，即愿竭尽全力为客人搞好导游服务；

（5）祝愿客人旅行愉快，并希望得到客人的合作与谅解。

如果简单地将以上内容堆砌在一块，会让听者感到枯燥乏味。一段好的欢迎辞，应该给客人留下热情、友好、亲切的感觉，能尽快缩短导游员与游客的心理距离。致欢迎辞在形式上可以不拘一格，包括以下模式。

（1）风趣式。这种欢迎辞的形式比较轻松，旨在增强与游客的情感，制造一种活泼、愉快的气氛，缓解游客的旅途疲劳。风趣式欢迎辞出语幽默、亦庄亦谐、妙趣横生。

（2）闲谈式。这种欢迎辞语言朴实、自然，语气平和，如同拉家常似地娓娓道来，使人更觉贴近生活。

（3）感慨式。这种欢迎辞大都渗透较为浓郁的情感，以善解人意的语言有感而发，句句都能唤起游客心灵的共鸣，从而激发和调动客人的情绪。

2. 欢送辞

欢送辞是带团导游在结束了所有计划安排的景点游程后，在即将与客人告别时所说的最后一段话。一次成功的导游，应该有一个好的欢送辞来为它画上一个圆满的句号。欢送辞应包括的内容如下。

（1）表示惜别之情。

（2）对游客的配合与支持表示感谢。

（3）欢迎批评。

（4）期待下一次重逢。

由于每一个旅行团情况各不相同，欢送辞在形式上可以因团而异。欢送辞的常用模式有以下两种。

（1）抒情式。借助抒情语言的感染力打动人心，使交流双方产生强烈的情感共鸣。导游员以热情洋溢的语言，抒发惜别之情，可以巩固和加深与游客相处期间所建立的友情。

（2）总结式。这种欢送辞情感朴实，主要用叙述性的语言对全程旅游情况做一个简单的回顾，并对游客的配合表示感谢，期待重逢，然后用祝福语收尾。这种欢送辞简单朴实,导游员多采用。

六、突发事件处理礼仪

由于旅游活动有较多的不确定因素,需要协调、衔接的部门和环节较多,很难预料在组织游览过程中会发生怎样的突发事件。一旦突发事件发生,导游员应该如何面对呢?

(1)尽量在带团出游前对游览计划、线路设计、搭乘交通工具、景点停留时间、沿途用餐地点等做出周密细致的安排,并根据以往带团经验充分考虑容易出现问题的环节,准备好万一出现问题时所采取的对策及应急措施。

(2)应准备一些常用药品、针线及日常必需品,应付突发事件需要联系的电话号码等随时带在身上。

(3)出发前,应亲切询问团队客人的身体健康状况,对老年团队人员尤其要细心。

(4)游览有危险因素的景点或进行有危险的活动,一定要特别强调安全问题,并准备应急措施。

(5)事件发生后,要沉着冷静,既要安抚客人,稳定客人情绪,又要快速采取周密的处理方案和步骤,尽量减少事件带来的负面影响。

参考案例1

谁第一个有到月亮上去的想法

一次,导游员王力接待一个美国旅游团,在旅游商店看到一位美国游客在看一幅"嫦娥奔月"的国画,并在考虑是否要购买。王力便走上前去,向他介绍中国国画的艺术和与之相关的背景知识,客人很感兴趣。最后,王力告诉这位美国游客,在华盛顿的宇航馆里也有一幅"嫦娥奔月"图,图旁的说明是:"在人类历史上,是谁第一个有到月亮上去的想法?是中国古代的嫦娥女士……"这位美国游客非常感谢王力的帮助,终于买下了这幅"嫦娥奔月"的国画。

点评:

导游员王力的介绍,把物品的文化价值与实用价值巧妙地结合起来,促成了这位美国游客的购买。

参考案例2

谦虚也有错的时候

一位英国老妇到中国游览观光,对接待她的导游小姐评价颇高,认为她服务态度好,语言水平也很高,便夸奖导游小姐说:"你的英语讲得好极了!"小姐马上回应说:"我的英语讲得不好。"英国老妇一听生气了,"英语是我的母语,难道我不知道英语该怎么说?"

点评:

客人生气的原因无疑是导游小姐忽视了东西方礼仪的差异。西方人讲究一是一,二是二,而东方人讲究的是谦虚,凡事不张扬。

参考案例3

辩证的解释

一个旅游团因订不到火车卧铺票而改乘轮船,游客十分不满,在情绪上与导游形成了强烈的对立。导游面带微笑,一方面向游客道歉,请大家谅解;另一方面,耐心开导游客:乘轮船虽然速度慢一些,但提前一天上船,并未影响整个游程,并且在船上能够欣赏到两岸的风光,相当于增加了一个旅游项目。游客这才渐渐与导游缓和了关系。

点评:

在旅游活动中,由于有相当多的不确定因素和不可控制因素,随时都会导致计划的改变,这些都会直接或间接地影响游客的情绪。因此,导游员在导游过程中应该善于运用合适的语言调节游客的情绪。

参考案例4

恰当的解释

西方游客在游览河北承德时,有人问"承德以前是蒙古人住的地方,因为它在长城以外,对吗?"导游员答:"是的,现在有些村落还是蒙古名字。"游客又问:"那么,是不是可以说,现在汉人侵略了蒙古人的地盘呢?"导游答:"不应该这么说,应该叫民族融合。中国的北方有汉人,同样南方也有蒙古人。就像法国的阿拉伯人一样,是由于历史的原因形成的,并不是侵略。现在的中国不是哪一个民族的国家,而是一个统一的多民族国家。"客人听了都连连点头。

点评:

当导游员在导游过程中遇到客人提出的问题涉及一定的原则立场,一定要给予明确的回答。这些问题有些涉及民族尊严,有些涉及我国的国际形象,一定要是非分明,并力求用正确的回答澄清对方的误解和模糊的认识。

七、导游礼仪实训

(1) 实训时间:2课时。
(2) 实训准备:形体训练室、模拟旅游车、模拟导游用具等。
(3) 实训要求:掌握导游迎送礼仪;带客游览、购物礼仪;导游语言礼仪。
(4) 实训内容及操作规范见表2-9、表2-10。

表 2-9　导游礼仪实训操作规范

实训内容	操作标准	基本要求
准备接团标志	1. 导游证挂在胸前。 2. 胸卡别在胸部左上方。 3. 站在明显的位子举起社旗或接站牌	醒目、易辨别
与旅行团领队接头	1. 应提前半小时抵达机场或接站地点。 2. 明确接团车停放的位置。 3. 向领队自我介绍,交换名片	自我介绍,有礼貌地询问对方姓名
向宾馆转移	站在车门旁协助客人上车	1. 要提醒客人带好物品,防止遗失。 2. 要特别关照老人、小孩、女士上车
向宾馆转移	默默点数或上车后以车座数和空位数相减记数	清点人数时不可用手点数
介绍沿途景点	1. 代表旅行社和个人向旅游团致欢迎词,先问好,对客人的到来表示欢迎。 2. 介绍自己和司机。 3. 再表示提供服务的真诚愿望。 4. 预祝旅行顺利愉快等。 5. 概括性地介绍本地旅游资源,有重点地介绍沿途风景	适当介绍,注意观察客人的精神状况
到达酒店,登记入住	1. 协助领队办理住店登记手续,请领队分发住房卡。 2. 要熟悉领队和团员的房号,并把自己的联系方法告诉他们	协助客人登记入住,尽快安排客人休息
介绍游程安排	向全团宣布当天和第二天活动安排、集合的地点和时间。	1. 简单明了。 2. 再一次与领队进行细节问题的沟通协调

表 2-10　导游礼仪实训操作规范

实训内容	操作标准	基本要求
出发前服务	1. 导游员应提前 10min 左右到达出发点。 2. 出发前,导游应向客人表示问候。 3. 了解客人身体情况。 4. 提醒客人带好必备用品	表现出饱满的精神和礼貌、端庄的仪表
车上服务	1. 上车后,导游在车门口照顾好客人上车,清点人数,示意司机开车。 2. 向游客问候致谢,重申当天的游程和旅游须知等。 3. 在车上讲解时,应面对游客,不能背对游客,面部表情应亲切自然。 4. 适时预告和解说沿途重要景观。 5. 要向客人宣布集合时间、停车地点及一些注意事项	多与客人目光交流,辅以适当的手势、动作

(续)

实训内容	操作标准	基本要求
游览服务	1. 树立良好的服务形象：导游员要注意自己的仪表风度和言谈举止，做到称呼得体、举止文雅、谈吐大方、态度热情、办事稳重。 2. 到达景点，应引导客到最适当的位置，然后开始对景点讲解。 3. 可根据景点特色和游客需求选择适当的讲解方式，要尽职尽责，不要只游不导，讲解要深入浅出、生动形象。 4. 要留出一点客人自由活动的时间。 5. 主动向客人提出拍摄角度的建议，客人有要求时帮其拍摄。 6. 遵守导游职业道德，安排游客购物，应积极主动当好参谋，带他们到商品质量好、物价公平合理的商店，而不应违背职业道德，私自收取回扣。 7. 在旅游过程中，提醒客人注意人身安全，管理好所带财物，防止丢失、被盗	适时适度提醒客人不掉队、不走散

注意事项

（1）带客人用好第一餐，并把客人的饮食习惯、禁忌等告诉餐厅的服务员。

（2）不要忘记询问客人的健康状况。

（3）与客人告别时，应将自己的房间号码和电话号码告知客人。

（4）遵守时间，必须及时把每天的活动时间安排向每一位客人交待清楚。

（5）若遇特殊情况无法准时到达，须向客人解释并表示歉意。

（6）导游员必须尊重所有的客人，包括他们的宗教信仰、风俗习惯等。

（7）对客人要讲究礼节，做到有分寸，大方得体。

（8）主动与领队协调沟通，通力合作。

（9）对客人的特殊要求尽量予以满足。若不合理的或无法满足的要求，要耐心解释。

（10）对意外事件的发生，导游员要冷静耐心，有礼貌地协调。

自我检测

1. 导游员带客购物要注意哪些礼仪？
2. 欢迎辞、欢送词的内容与模式有哪些？

单元五　旅行社服务礼仪

教学目标

通过本单元的学习，掌握旅行社接待服务人员、计调服务人员、营销人员礼仪规范，然后在实践中灵活运用。

教学内容

旅行社接待服务人员礼仪规范；旅行社计调服务人员礼仪规范；旅行社营销人员礼仪规范。

学习方法

本单元为实践技能学习，学生分组在教师指导下进行情景演练学习。

相关知识与技能

旅行社是招徕、接待旅游者，为旅游者提供交通、游览、住宿、饮食、购物和娱乐等有偿服务的机构。旅行社接待部是向旅游者提供客户服务的部门，不仅可以提供电话转接、电话留言等电话基本服务，还可以向客户提供咨询、代理及接受投诉等扩展服务。

一、接待部服务礼仪

接待部接待人员处在旅行社对客关系的最前沿，是旅行社的"窗口人物"，因此工作过程中必须注意服饰美、仪容仪表美和仪态美，杜绝失礼行为。

1. 服饰礼仪规范

旅行社接待服务人员着装总的要求是：款式美观大方，色彩协调，与个人体形、工作特点、工作环境、民族习俗相吻合。具体来说，应该注意以下几点。

（1）上岗时必须统一着装。
（2）工作服上下身配套穿着。
（3）鞋袜的款式和颜色要与工作特点和服装统一。
（4）任何情况下都不可以穿得过分花哨，袒胸露背，更不能穿背心短裤上岗。
（5）按照规定，佩戴好工作牌或标志，以便顾客辨认和监督。

接待人员讲究服饰美是对本职工作严肃认真、充满热情的反映，也是对顾客的尊重。

2. 仪容礼仪规范

仪容主要指美容化妆、饰物佩戴、发型塑造等。

1）美容化妆

接待人员为了使自己更美丽、更精神，更好地服务顾客，给顾客留下良好的印象，上岗前一定要化妆，但不宜浓妆艳抹，应以自然、大方、优雅的妆容为宜。

2）饰物佩戴

接待人员在工作岗位上佩戴饰品时，不宜超过两种，佩戴某一具体品种饰品不应超过两件，也可以不佩戴任何首饰。对于男性接待人员来说尤其如此。具体来说，穿工作服时，不宜佩戴任何饰品；穿职业套装时，不宜佩戴工艺饰品；如被许可在工作当中佩戴饰品，也要求少而精。

3）发型塑造

接待人员的发型要根据工作的特点来选择，以端庄自然为宜，不可过分夸张。在时尚流行的今天，要学会自己判断选择，流行并不代表美丽，也并不一定代表被认可，只有适合自己的才是最好的。

3. 仪态礼仪规范

一名优秀的接待人员是通过得体的举止、饱满的精神、娴熟的技能、热情周到的服务赢得顾客的好感和信赖的。而坐姿、站姿、走姿等是得体举止的重要组成部分。俗话说"坐有坐相,站有站相",接待人员一定要注意训练自己的坐姿、站姿、走姿,并养成良好的习惯。

4. 旅行社接待服务人员应杜绝的失礼行为

工作中,接待人员不能出现以下有损旅行社形象的失礼行为。

(1) 在向旅游咨询者介绍旅游产品时,不停地接听手机。
(2) 当着顾客的面抽烟。
(3) 随地吐痰。
(4) 随手乱扔垃圾。
(5) 当着顾客的面嚼口香糖。
(6) 当着顾客的面挖鼻孔或掏耳朵。
(7) 当着顾客的面搔头皮。
(8) 在公共场合抖腿。
(9) 当众打哈欠。
(10) 频频看表和手机。

二、计调部服务礼仪

计调人员的主要任务是按接待计划落实团队在食、宿、行、游、购、娱等方面的具体事宜,以确保行程和日程的正常进行。计调人员应广泛搜集和了解不断变化的旅游市场信息及同行的相关情况,对同行旅行社推出的常规的、特色的旅游线路逐一进行分析,力推本旅行社的特色线路及旅游方案。计调人员在协调、安排市郊及周边地区旅游团旅游时,在配备有关交通服务、导游服务方面,要做到有备无患;在安排旅游者吃、住、玩等活动时,尽量考虑周到;在确保团队质量的前提下,力争"低成本,高效益"。在具体工作进行中,计调人员要注意以下几方面的礼仪规范。

1. 打电话前的准备工作礼仪

在旅游团确认之后,计调人员应马上根据旅游者的需求进行旅游产品的搜索,将整个行程安排好之后,就开始安排接待单位。将与旅行社已有业务约定的单位的电话及服务合同找到,熟悉双方约定的所有事宜。

2. 与旅游汽车公司进行业务预定的礼仪

打电话前,应当就旅游团对车的要求了如指掌,并事先安排好车型及数量。打电话进行预订时,一定要注意表达清晰、准确,首先应询问想要的车型能否订上、能订几辆,确认价格与合约中的价格无出入,告知用车的起始时间,协商付款方式。将协商好的汽车情况记录好,包括车型、车数、车况、付款方式、司机姓名及联系方式。

3. 与宾馆进行住宿预订的礼仪

打电话前,应当就旅游团对住宿的要求了如指掌。预订时要表达清晰、准确。首先应询问该酒店或宾馆提供的房间是否符合标准,然后告知使用房间的数量及使用时间,确认价格与合约中价格无出入,告知旅游团首日下榻的大约时间,协商付款方式。将协商好的住宿情况记录好,包括房型、房数、付款方式、预定联系人姓名及联系方式。

4. 与旅游餐厅订餐的礼仪

打电话前,应当就旅游团对餐饮的要求了如指掌。预定时要表达清晰、准确。首先应询问该酒店能不能提供旅游者要求的菜肴,得到肯定回答后询问能否在该时间提供团队餐。向对方提出团队餐的要求及餐标,看对方能否达到要求,对有些餐厅酒店还须专门确认司陪餐的供应情况。告知导游员在确认的时间,协商付款方式。将协商好的用餐情况记录好,包括餐标、人数、付款方式,预定联系人姓名及联系方式。

计调人员在进行业务预定和确认时不能出现以下情况。

(1) 旅游团确认后,不进行行程的梳理就安排接待单位,出现如住宿地离游览地过远,对旅行社与汽车公司的约定情况不熟悉等问题。

(2) 打电话前不熟悉旅游团对车的要求,预定时未能清楚表达自己的意思,订车时未对价格进行核对,不协商付款方式,不记录预定好的汽车情况及司机的姓名和联系方式。

(3) 对旅游团住宿要求一无所知,打电话预定客房时未能清楚表达,不问该酒店是否符合旅游者的要求,未询问酒店在某大约时间段里有没有足够数量的标准房间就进行预定,不确认价格,不告知旅游团首日下榻的大约时间,不协商付款方式,不记录协商好的住宿情况。

(4) 打电话前对旅游团餐饮要求不清楚,打电话时没有先询问该酒店能否提供旅游者要求的菜肴,得到肯定答案后没有询问能否在具体时间提供团队餐,未提供给对方团队餐的要求及餐标,未告知导游在确认的大约时间,未协商付款方式,未将协商好的用餐情况记录好。

三、营销部服务礼仪

旅游产品的销售工作是由旅行社营销部完成的。营销部是旅行社业务活动开展的生力军,是整个旅行社与外界沟通的重要桥梁。营销部职能是向外界宣传旅行社,提高旅行社的影响力与知名度;联系大客户,吸引其参加旅行社团队,为旅行社带来直接的经济效益。营销人员基本礼仪规范包括着装、化妆、姿态、语言、电话等礼仪规范。

1. 着装礼仪

客人对营销人员的第一印象十分重要,这关系到推销工作的顺利开展。因此,推销人员应该注意自身形象,要仪表端庄、举止得体大方。推销人员在约见客户前应该适当修饰自己,在服装的选择上应根据时间、地点、场合来确定。男性销售人员的着装一般以西装为主。女性销售人员的着装一般以职业装为主。服饰色彩搭配合理,款式与自身和谐。发型与服饰配合得当,装饰品佩戴恰到好处。

2. 化妆礼仪

对于女性销售人员,日常工作中以化淡妆为宜。化妆应以自身面部客观条件为基础,适当强化和美化。化妆应与服饰相协调。化妆品的色彩应与服饰色彩一致,妆容与服饰的格调应一致。对于男性销售人员而言,保持清洁的头发、修剪整齐的发型以及修饰光滑的面部即可。不论男性还是女性,都应避免使用气味浓烈的化妆品。化妆应在工作进行中完成,千万不要在人前化妆。

3. 姿态礼仪

营销人员的姿态应以标准姿态为准。如站立时,挺胸立腰沉肩,呼吸自然,面带微笑;坐下时,腰背挺直,肩部放松,形成优美坐姿;行走时,手臂垂直放松,手指自然弯曲,步伐适中;面对顾客发自内心地微笑,自然大方。

4. 语言礼仪

营销人员在使用电话进行交流时,正确使用称呼语及礼貌用语,遵循基本语言礼仪规范,不要有不良的习惯动作,如抖腿、挤眼、搔头皮等,要时刻保持自信和端庄。营销人员在实际工作中要做到讲"五声",即迎客声、称呼声、致谢声、致歉声、送客声,禁止使用"四语",即蔑视语、烦躁语、否定语、斗气语。

5. 电话礼仪

营销人员在工作中接听或打出电话时,除遵循基本的电话礼仪外,根据实际工作,要特别强调及时接听电话,注意通话的语音语调,做好电话记录,注意电话礼貌用语。

参考案例

重要的服务仪容

某报社记者吴先生为做一次重要采访,下榻于北京某饭店。经过连续几日的辛苦采访,终于圆满完成任务。吴先生与二位同事打算庆祝一下,当他们来到餐厅,接待他们的是一位五官清秀的服务员,接待服务工作做得很好,可是她面无血色显得无精打采。吴先生一看到她就觉得没了刚才的好心情,仔细留意才发现,原来这位服务员没有化工作淡妆,在餐厅昏黄的灯光下显得病态十足,这又怎能让客人看了有好心情就餐呢?当开始上菜时,吴先生又突然看到传菜员涂的指甲油缺了一块,当下吴先生第一个反映就是"不知是不是掉入我的菜里了",但为了不惊扰其他客人用餐,吴先生没有将他的怀疑说出来。但这顿饭吃得吴先生心里总不舒服。最后,他们唤柜台内服务员结账,而服务员却一直对着反光玻璃墙面修饰自己的妆容,丝毫没注意到客人的需要,到本次用餐结束,吴先生对该饭店的服务十分不满。

点评:

从此案例可以看出,旅游工作者不注重自己的仪容、仪表或过于注重自己的仪容、仪表都会影响服务质量。

四、旅行社服务礼仪实训

1. 实训一旅游工作者着装规范

(1) 实训时间:2课时;

(2) 实训准备:形体训练室,对应工作岗位的制服和衬衣及衣架。各种颜色、款式的皮鞋和布鞋若干,各种颜色和长度的袜子、丝袜若干。

(3) 实训要求:掌握旅游工作者着装规范。

(4) 实训内容及操作规范见表2-11、表2-12。

表 2-11　旅游工作者着装操作规范

实训内容	操作标准	实训要求
制服和衬衣的穿着	1. 从洗衣部员工手中接过制服时,确认自己的岗位制服。 2. 确认适合自己的尺码。 3. 重点检查领口和袖口的洁净程度,按顺序检查,发现问题及时调换。 4. 细心检查衣服上是否有油污陈迹,扣子是否齐全,是否有裂缝或破边。 5. 从衣架上取下衬衣,穿好。 6. 衬衣穿好后,下摆必须扎在裤子或套裙里面。 7. 对着镜子检查,扣子是否扣齐,穿着是否符合规范。 8. 换下不需洗涤的衣物应挂在衣架上	制服口袋不许装与工作无关的任何物品

表 2-12　旅游工作者着装操作规范

实训内容	操作标准	实训要求
鞋袜穿着前的检查	1. 颜色式样。皮鞋或布鞋以素色或黑色为主,式样以端庄、大方为主。 2. 整洁。皮鞋应该经常擦油,保持干净光亮;布鞋也应该保持干净。 3. 完好。及时修补小破损。 4. 男士袜子的颜色应该与鞋子颜色和谐。 5. 女士着裙装应穿与肤色相近的长丝袜	1. 鞋子颜色应比制服的颜色深。 2. 女士袜子不可太短,不可穿有抽丝破损的长丝袜上班。 3. 女士穿中跟或平跟鞋。 4. 除非特别需要,不可在客人面前把脚从鞋子里面伸出来。 5. 暗色和花色长袜不适合与工作套裙搭配
饰物佩戴	1. 帽子要戴端正,符合规范。 2. 工号牌要端正地别在西装左胸翻领上或其他制服左胸上方。 3. 领带(领结)是制服的组成部分,配套的制服应按规定系好领带。 4. 领带扎在硬领衬衣上,扎前衬衣的第一个纽扣应当扣上。 5. 系领带不能过长或过短,站立时下端齐与腰带为最好。 6. 领带系好后,前面宽的一面应长于里面窄的一面。 7. 如果须用领带夹,其位置在衬衣的第四、第五颗纽扣之间。 8. 领带不用时,应打开领结,垂直吊放,以备再用	不同场合佩戴不同的饰物,要给人整洁、大方的印象

注意事项

(1) 无论穿何种鞋子,行走时都不可拖地或跺地。

(2) 女士穿中跟或平跟鞋。

(3) 除非特别需要,不可在客人面前把脚从鞋子里面伸出来。

(4) 暗色和花色长袜不适合与工作套裙搭配。

(5) 佩戴饰品,一定要使之符合自己的身份。服务人员的工作性质主要是向旅游者提供服务,因此,一切要以服务对象为中心,一般在工作岗位上不佩戴饰品。

2. 实训二女性工作淡妆规范

(1) 实训时间:2 课时。

(2) 实训准备:化妆室、洗脸盆、毛巾、清洁纸巾、洗面奶、化妆水、棉球、粉底霜、胭脂、眼影、眉笔、口红等。

(3) 实训要求:掌握女性工作淡妆规范。

(4) 实训内容及操作规范见表 2-13、表 2-14。

表 2-13 女性工作淡妆操作规范

步骤	操作标准	基本要求
洁肤	1. 将脸用温水打湿。 2. 取适量洗面奶于手心,搓至起泡。 3. 由下巴向额头,用手指轻轻地按摩清洗 1min~2min。 4. 用清水清洗。 5. 用纸巾或毛巾把多余的水分吸干	1. 手法自下而上"推"皮肤。 2. 忌用毛巾在脸上无规则乱搓
爽肤	1. 取一小块棉花,将紧肤水(或收缩水)倒到棉花上。 2. 将棉花上的紧肤水擦于脸上。 3. 用手轻拍脸颊	1. 手法自上而下。 2. 最好使用无尘棉花
护肤	施护肤霜	1. 清早用日霜。 2. 临睡用晚霜。 3. 夏日户外活动可用防晒霜
特殊护理	1. 深层清洁,使用磨砂洗面奶。 2. 涂面膜。 3. 撕洗面膜。 4. 爽肤和护肤	1. 涂面膜手法由下而上。 2. 撕洗面膜手法由上而下。 3. 每周 1 次~2 次

表 2-14 女性工作淡妆操作规范

步骤	操作标准	基本要求
净面	同"皮肤的护理"中"洁肤"	
基面化妆	1. 涂化妆水,用棉球蘸取向脸面叩拍。 2. 抹粉底霜,用手指或手掌在脸上点染晕抹。 3. 上粉底,用手指或手掌在脸上点染晕抹,不宜过厚。 4. 扑化妆粉,用粉扑自下而上扑均匀	1. 眼影要自然不着痕,颊红宜轻匀。 2. 内容可酌情舍弃或变动次序。 3. 此操作仅适合简单快速淡妆即工妆,用时 5min~10min 左右。 4. 不在男士面前化妆
眼部化妆	1. 涂眼影。用棉花棒沾眼影色在眼周、眼尾、上下眼皮、眼窝处点抹并扫开。手法先上后下至下眼睑的尾部。 2. 描眉。蓝灰色打底,棕色或黑色描出适合的眉型。直线型使脸型显短,弯型使人显温柔。 3. 描眼线。用眼线笔沿眼睫毛底线描画	
抹颊红	用颊红轻轻扫染两颊,以颧骨为中心向四周抹匀。长脸型横打胭脂,圆脸型和方脸型竖打胭脂	
涂唇膏	1. 用唇笔描画出上下唇轮廓,起调整色泽、改变唇形作用。 2. 涂口红填满	

注意事项

旅游从业人员的化妆是一种工作妆，与一般人平时所化的生活妆有着以下不同的要求。

（1）淡雅、简洁。从业人员在工作时一般只化淡妆，化妆修饰的重点主要是嘴唇、面颊和眼部。

（2）庄重。旅游从业人员要注意在化妆时对本人进行正确的角色定位。若在上班时采用一些社会上正在流行的化妆方式，如金粉妆、印花妆、舞台妆、宴会妆等，则会使人觉得轻浮随便、不务正业。

（3）避短。旅游从业人员在化妆时。要巧妙地掩饰自己所短，并弥补自己的不足。工作妆重在避短，而不在于扬长，因为过分强调扬长，则有自我炫耀之嫌，易引起顾客反感。

自我检测

1. 计调人员在联系车辆、酒店、餐厅前应分别做好哪些准备工作？
2. 旅行社营销人员在与客户交流中应注意哪些礼仪？
3. 旅行社营销人员在拜访客户前应做好哪些准备工作？

项目三　酒店服务礼仪

单元一　酒店服务礼仪概述

教学目标

通过本单元的学习,熟悉酒店的环境礼仪,掌握服务人员在仪表、仪容、仪态、语言和服务规范方面的基本要求。

教学内容

环境礼仪:整洁、安静、氛围。
应接礼仪:仪表、仪容、仪态、语言规范。

教学方法

本单元为酒店礼仪基础知识学习,以课堂讲解和案例分析为主。

相关知识与技能

　　酒店是为客人提供住宿、餐饮、娱乐等一系列服务的场所。酒店的部门、岗位有许多,如前厅部、客房部、餐饮部等。酒店服务是指酒店利用专门的设施、设备为消费者提供的住宿、餐饮、娱乐、购物、健身等服务。酒店服务提供给消费者的通常是"一段美好的时光",酒店提供给消费者的产品大部分是带不走的"服务"或"使用",而消费者对酒店的印象也主要是对服务员的印象——技能、礼貌。因此,在酒店服务中,服务员的礼貌和礼仪对酒店形象,以及消费者对酒店所提供的产品和服务的认可度有极大的影响。

　　由于酒店各个部门和岗位所提供的服务既有相同点,又存在差异,因而它们在服务礼仪方面的要求既有基本的共同点,又有各自不同的特点。下面首先介绍酒店各个岗位对服务礼仪的共同要求。

　　一、环境礼仪

　　消费者在酒店停留的时间短则几天,长则数月,乃至几年,故酒店称得上是消费者的"家外之家"。既然是"家","家"的气氛就显得十分重要,好的环境确能使游子产生到"家"的感觉。酒店环境有外部环境和内部环境之分:外部环境主要是建筑物周围的环境;内部环境主要是指客房、餐厅以及客人可能涉足的场所,如大厅、走道、电梯、卫生间等。酒店的环境礼仪,是指酒店的环境应使客人产生舒心、愉悦的感觉,感觉到酒店对自己的重视,感受到物有所值。

（一）整洁

酒店环境以整洁为第一要素,整洁的环境能减轻舟车劳顿的疲乏,使人感觉轻松,反之,则令人心烦意乱。酒店应时刻保持窗明几净、地面清洁、装饰完好,使刚入住的客人有良好的第一印象,使常住客人有始终如一的感受。

（二）安静

酒店的内部环境应尽可能地保持安静,避免噪声,窗户应密封,或是用双层窗,以减少外部噪声的干扰,以免影响客人的正常休息、活动。

（三）氛围

酒店的环境氛围是由建筑装饰、环境布置、灯光照明、背景音响、酒店主色调以及服务人员仪态等因素所构成的。氛围应体现酒店的特色和管理者的用心,其格调应与大多数客人的志趣相接近,置身其间使人有和谐、雅致、独特的感受。

二、应接礼仪

现代饭店不仅要有良好的"硬件",更要有高水平的服务,否则,再好的"硬件"也于事无补。服务员作为酒店的代表,一言一行都是企业形象、个人素质的体现。酒店服务要求服务员有良好的道德、素质修养,有熟练的服务技术,有灵活处理问题的能力,有独挡一面的本领,而礼貌待客是最基本、最重要的要求。与酒店服务员相关的礼仪问题主要涉及以下几个方面。

（一）仪表、仪容

酒店服务人员应时刻注意自己的仪表修饰,因为它代表着酒店的形象。端庄大方的仪表既是自尊自爱的表现,更是表达一种对客人的尊重,亦是客人的一种需要,没有人愿意与一个衣衫不整、邋里邋遢的人打交道。酒店服务人员的仪表仪容主要包括以下一些方面。

（1）整洁的制服。制服应合体,着装时应遵守基本着装规范,如"四长"（衣至虎口、袖子至手腕、裤子至脚面、裙至膝盖）、"四围"（领围可插入一指,衣服的胸围、腰围、臀围以衬一件羊毛衫为宜）;纽扣齐全,无漏缝,无破边;不卷袖口、裤脚;衬衣下摆系入裤内,内衣不外露;铭牌正戴在左胸上方;保持皮鞋光洁,男员工穿深色袜子,女员工穿肉色丝袜子等。制服勤洗勤换,保持挺括平整。

（2）修饰过的容貌。酒店服务对员工的容貌有一定的要求,以朴素大方、淡雅自然为原则,杜绝浓妆艳抹、过分招摇。酒店对员工的发型、面部修饰、指甲、首饰等都有所要求,如男员工不得化妆,不得留胡须,不得留大鬓角,而女员工则应化淡妆等。员工应严格遵守。

（3）注意个人卫生。酒店服务员应勤洗澡、勤换衣,保持个人的清洁卫生;上班前,不吃葱、蒜、韭菜等有浓味、异味的食物,不用刺鼻的香水,以清新的姿态出现在客人面前。

（4）健康的身体。酒店员工要定期体检,至少每年进行一次体检。如果发现传染病,应立即停止工作,在家休息。原则上,治愈后方可上班。

（二）仪态

酒店服务不仅要求服务员有良好的仪表、仪容,还要求服务员有良好的仪态,即站有站样,坐有坐样,走有走样,给人精神饱满、热情洋溢之感。酒店对服务员的仪态要求主要是:正确的站姿、坐姿、走姿、手势和自然的表情。

(1) 站姿。站立服务是酒店服务员的基本功之一。礼貌的站姿,给人以舒展俊美、积极向上的好印象。正确的站姿站功是酒店服务员必备的专业素质。酒店服务员上岗时,站姿一定要规范,特别是隆重、热烈、庄重的场合,更要一丝不苟地站好。

(2) 坐姿。采用坐姿时,服务人员必须首先明确两点:一是允许自己采用坐姿时,才可以坐下。二是在坐下之后,尤其是在服务对象面前坐下时,务必要自觉地采用正确的坐姿。为使坐姿更加正确优美,应该注意:入座要轻柔和缓,起立要端庄稳重,不可弄得座椅乱响,就坐时不可以扭扭歪歪,两腿过于叉开,不可以高跷二郎腿,若跷腿时悬空的脚尖应向下,切忌脚尖朝天。坐下后,不要随意挪动椅子,腿脚不停地抖动。

(3) 走姿。要轻而稳,像春风一样轻盈,从容稳健。不要低头,后仰,切忌里八字或外八字。走路要用腰力,具有韵律感。

(4) 手势。是一种有效的动作语言,恰当的手势常给人以含蓄、礼貌之感,但使用不当亦会造成误解。使用手势时,应注意动作不宜过大,否则有手舞足蹈之感,对手势使用禁忌应有所了解,避免引起客人的误会。如指向或介绍时,应掌心向上,手指自然并拢,手臂适度弯曲指出方向。用手指来指点,有强调的作用,但有时会引起别人的不快。

(5) 表情。是人内心感受的外露,作为个人来说,总有称心和不称心的时候,但作为酒店服务员,则要求其在工作中始终保持自然、友善的表情,即人们常说的"微笑服务"。"眼睛是心灵的窗户",眼神是仪态的灵魂,酒店服务员应时刻注意以诚实、热情的目光正视客人。

(三) 语言

酒店服务员,特别是一线的服务员,经常要与客人进行语言交流,所以语言修养对酒店服务员来说尤其重要。良好的语言表达能力,不仅可以提高自己的服务水平和能力,亦可增进与客人的沟通与了解。酒店服务员在语言表达中要注意以下问题。

(1) 用语得体。酒店服务员与客人之间的语言交流应满足客人自尊心的需要,要让客人感到处处受到尊重。

(2) 热情灵活。语言表达应富有感情,随机应变,不是机械地背诵服务用语。酒店服务讲究"五声"——迎客声、称呼声、致谢声、道歉声、送客声,但是千篇一律的声音,不分场合时宜的招呼有时亦会使人感到厌烦。设想一下,你是酒店的住客,早晨在酒店的院子里跑步,每个遇到的服务员都跟你招呼,你是答应,还是不答应?你烦不烦?

(3) 有礼有节。在尊重客人的同时,服务员亦应注意自己的人格尊严、民族尊严,不说有损国格、人格的话,不说低三下四、谄媚奉承的话。

(4) 注意规范。语言表达要符合行业的一般规范。语言表达虽然有灵活的要求,但也不能随心所欲,服务员对基本的规范用语应有所掌握,以免因用语不当而引起客人的不快。对基本的称呼语、问候语和礼貌语应有所掌握。

酒店服务常用的称呼语有"先生"、"太太"、"女士"、"小姐"、"阁下"、"同志"、"将军"、"陛下"、"殿下"等。在使用时,应尽可能弄清客人的身份,所在地(国家、民族)的习惯风俗,正确称呼。如"先生"在日本一般用来称呼教师、医生、国会议员和律师,其他人则以"某某桑"称呼。

酒店服务常用的问候语较多,一般可分为:见面问候语——"您好"、"您早"、"早上好"、"下午好"、"晚上好"、"您好,欢迎光临,请!""早上好,先生,我能帮您什么忙吗?"等;特别问候语——"祝您新年快乐!"、"祝您生日快乐"、"圣诞快乐!"等;道别问候语——"晚安"、"再见"、"明天见"、"谢谢光临,欢迎再来"、"一路顺风"等。使用问候语也要注意客人的习惯风俗,一些在我们看来很普通的问候,如"上哪去?"、"吃过了吗?"别人则可能觉得不妥。

酒店服务常用的礼貌服务用语有"您好"、"请"、"再见"、"对不起"、"谢谢"、"请稍等"、"麻烦您了"、"让您久等了"、"打扰您了"、"给您添麻烦了"、"对不起,请您再说一遍好吗?"、"对不起,我可以占用一下您的时间吗?"、"对不起,耽搁您时间了"、"请别客气"、"这是我应该做的"、"没关系"、"这不算什么"、"请慢用"、"有事尽管吩咐,再见"、"很抱歉,我恐怕不能满足您的要求""对不起,这件事我不能马上给您答复,我需要向经理请示一下"等。

(四)规范

酒店服务内容多、情况复杂,为保证服务质量,必须对各项服务工作制定出相应的服务规范。规范的服务既是对客人的尊重,也是酒店服务质量的保证。酒店工作的基本礼仪规范要求有如下一些内容。

(1)在客人活动区域不吸烟、不吃喝食物。

(2)说话轻、行走轻、操作轻,保持酒店安静的环境。

(3)一视同仁,主动热情,女士优先。

(4)不议论客人,不与客人开玩笑,不打听客人的私事,不翻动客人的物品,不随便打断客人的谈话。

(5)迎客在前,送客在后。引领客人时,应在客人左前方2步至3步领走,与客人的步频保持一致。

(6)在客人面前绝对不可挖鼻子、梳头、修指甲、吐痰、聊天、争吵、吹口哨、手插在口袋、叉腰,以及其他不文雅的举止。咳嗽、打喷嚏应尽量避开客人,无法避开时应侧向一边,以手帕掩口。

(7)不随便使用客用设施。

(8)不主动与客人握手,不随便逗、抱客人的小孩,不要表现出与客人的过分亲热,更不可举止轻浮。

(9)在走道与客人相遇时,应站立一旁主动让道。

参考案例

沟通的重要性

一天,一位香港客人来到前台办理入住登记,负责接待的员工照例向客人询问所需要的房间类型,但因客人不懂国语,而该员工粤语水平又欠佳,在尝试用蹩脚的粤语向客人解释客人仍听不懂后,乘客人转身拿回乡证时,该员工向精通粤语的行李员求救,请他们帮忙解释。该员工把要向客人说明的事情告诉行李员,然后由他转讲给客人听,该员工的本意是想减少由于沟通困难产生的尴尬,并节省时间,但没顾及到此举动让客人觉得不被尊重。由于粤语不熟练又不大明白客人的心理,导致客人投诉。

点评:

由于员工不能熟练掌握工作常用语言,与客人沟通产生不便,在向其他员工求救时,不恰当的身体语言又导致客人的误解和投诉。由此提醒我们注意:

(1) 在对客服务过程中,应尽量用客人的语言与客人沟通。

(2) 由于地域等各种因素的原因,员工或许不能完全掌握一种语言,因此与人打交道,除基本能力要求外,语气、表情、身体语言等同样是良好交流的要素,应力求避免产生误会、误解,即使产生也应及时领悟,跟进补救。

(3) 平时应加强语言技能的培训与学习。

自我检测

1. 参观学校附近的一家星级酒店,说一说它在环境礼仪方面的优缺点。
2. 结合实际,谈谈酒店服务员在语言方面怎样做到既灵活热情,又符合礼仪规范。

单元二　前厅服务礼仪

教学目标

通过本单元的学习,理解并掌握酒店前厅主要岗位(迎送员、行李员、电梯工、前台服务员、大堂经理、电话总机接线员)的礼仪要求。

教学内容

迎送员礼仪:做好准备、精神饱满、迎接客人、开门迎宾、提供服务、安全第一、送客离店。

行李员礼仪:仪表、仪容、帮卸行李、引导护送、寄存物品、送客离店。

前台服务员礼仪:注意形象、业务熟练、和蔼热情、入住登记、周到服务、准确结账、接受预定。

乘电梯礼仪:礼貌候梯、出入有序、文明乘梯。

大堂经理礼仪:熟悉自身岗位的工作职责,具备相应的素质,正确认识客人投诉,认真聆听和妥善处理客人的投诉。

电话总机礼仪:及时接听、亲切问候、耐心倾听、认真处理、礼貌应答、致谢和告别、讲究职业道德。

教学方法

本单元为专门岗位服务技能礼仪知识学习,以课堂讲解和模拟演练为主。

相关知识与技能

酒店服务礼仪除了上述基本要求以外,各个服务岗位也应按照各自不同的操作规范和流程的要求,完成各自应提供的服务。因而各个岗位的操作规范、流程就是它们在礼仪方面的不同要求。下面首先就酒店前厅各个岗位在礼仪方面的特殊要求,结合案例作一介绍。

前厅是一家酒店的门面。它的主要岗位有提供礼宾服务的迎送员、行李员,提供预定、入住登记、结账、问询、接待服务的前台和大堂经理等。前厅服务是客人进入酒店的第一个接触点,同时又是离开酒店的最后接触点。前厅服务是以客人心目中"饭店代表"的特殊身份进行的,带给客人的是其对酒店服务的第一印象。前厅服务的服务态度、服务质量、服务效率如何,直接关系到客人对酒店的印象和满意程度,同时会给酒店的声誉与效益带来直接的影响。

一、迎送员礼仪

迎送员的形象可起到先声夺人的作用,在某种意义上代表着酒店全体人员的精神面貌。因此,迎送员一定要特别注意服务礼仪。

(1) 做好准备。迎送员代表酒店对抵店和离店的客人表示迎送,因此,上岗前一定要做好仪表、仪容的自我检查,制服讲究、华丽、挺括、整洁,做到仪表整洁,仪容端庄,符合《酒店员工守则》中的有关规定。

(2) 精神饱满。迎送员在岗时,站立要挺直,不可弯腰、弯腿、靠物;走路要自然、稳重、雄健;仪表堂堂、目光炯炯、精神饱满、面带微笑、全神贯注。

(3) 迎接客人。载客汽车到达后,应迅速上前,微笑着为客人打开车门,向客人表示欢迎,讲敬语。开车门时,一般先开启右车门,用手挡住车门的上方,提醒客人不要碰头。

(4) 开门迎宾。酒店大门如非自动门或旋转门时,要为客人开启酒店大门,迎进大厅,并说:"您好,欢迎光临我们酒店!"站的位置要在离门1m~1.2m之间,拉门时向前跨一步,身体略微前倾,伸手拉门,再退回原处,眼睛注视来客,微笑着打招呼,并做一个请的手势。拉门时,应精力集中,以防出现意外。

(5) 提供服务。没有雨篷的雨天,迎送员要为客人打伞,以防客人被雨淋湿。主动帮助客人解决困难,不可故意回避。对宾馆的常住客或老客户,要尽量记住其姓名和恰当的称呼,牢记他们的车辆号码和颜色,以便为客人提供更加快捷周到的服务。对来宾馆办理各种事务的人员应与住店客同样对待。对老弱病残幼及女客人等应先问候,征得同意后可助一臂之力,以示格外关心,并注意门口台阶。但如果遇到客人不愿接受特殊关照,也不应过分勉强。行李员忙时,应主动帮助,不应袖手旁观。

(6) 安全第一。为了客人和酒店的安全,迎送员要配合安全部人员,注意酒店周围的闲散人员,注意观察出入酒店者的动向。如遇到形迹可疑者,应提高警惕,培养高度责任

97

感,及时通知有关部门,千万不能麻痹大意。

(7)送客离店。应主动热情地向离店客人提供乘车、叫车服务。待车停稳后,替客人打开车门,请客人上车。客人坐好后,轻轻关上车门,不可用力过猛,或夹住客人身体及衣物。车辆即将开动,迎送员要躬身立正,举手示意,微笑道别,可说:"再见,一路平安!"

二、行李员礼仪

行李员既代表酒店迎接客人,又是大厅的侍应生,为客人提供多种服务,其服务礼仪主要有以下几个方面。

(1)仪表、仪容。行李员同样要求仪表、仪容整洁,衣服穿正,帽子戴好,皮鞋擦亮,神采奕奕,热情礼貌。

(2)帮卸行李。主动向有行李的客人致意,如客人要自己携带则不勉强。接着行李应轻拿、轻放,及时检查、清点、核实,以免出现差错;团队行李要集中摆放,以免丢失或拿错。切忌只顾图快而野蛮装卸,对易碎品和贵重物品尤其要多加小心。

(3)引导护送。引导客人到前台办理入住手续。在陪同客人办理入住手续时,应站立于客人身后约1.5m处,替客人看管行李。手续办妥后,主动替客人领取房门钥匙,送客人去房间。进房时,当确定房内无人后,行李员打开房门,打开走道灯,扫视一下房间无问题后,退至房门一边,请客人进门;进房后,将行李放在行李架上,或是按客人要求放好,并请客人核实。根据情况向客人介绍客房设施及使用方法。如客人无其他事情,则礼貌告别客人,不可故意留滞或索取小费。

(4)寄存物品。客人要求寄存物品时,一定要按规定办理相关手续,发给行李牌。要礼貌地问清行李中是否有贵重物品或易碎品,如有,可以建议的口吻介绍客人将其存放在酒店的保险箱内。要主动提示客人把行李上锁,未上锁的应当着客人的面用封条封好,对易碎品要挂上"小心轻放"的标牌,以示对寄存物品的重视和负责。客人取出行李物品时,一律凭行李牌,以确保无误。要形成严格的上下班交接制度。非经上级同意,不可接受长期保管的物品。如客人遗忘物品,应立即交给主管处理。

(5)送客离店。客人离店时,应先与前台联系,问清楚账目是否结清,钥匙是否交回。去房间接运行李时,要先按门铃或敲门通报,听到"请进"时方可入内。离开房间前,应与客人共同清点、确认行李。行李装车后,如可能,应与迎送员一起向客人道别、致意。见大堂内有客人携带行李离店时,应主动上前协助,并送客人上车。

三、前台服务员礼仪

前台服务质量的高低决定着客人对酒店的总体看法,因而各个酒店都毫无例外地将最优秀的员工选拔到这一重要的岗位。前台服务员的工作主要包括预定、入住登记、结账、接待、问询等。前台服务员礼仪的基本要求有以下方面。

(1)注意形象。前台服务员要仪表整洁,姿态良好。前台一般是提供站立服务,凌晨一点以后才可坐下,如有客人来,必须站立,不吸烟、不失态、不东倒西歪。工作时要全神贯注、精神饱满。

(2)业务熟练。前台工作要有序,如果客人较多,一定要保持冷静,按顺序办理入住手续,并招呼等待的客人,以示安慰。有条不紊,做好解释,提高效率,以免让客人久等。应能够熟练运用酒店常用的问询架及计算机和相关软件,一定要熟悉住店客人的资料、店内各设施的位置、服务项目和营业时间。

（3）和蔼热情。应主动问候客人,接待客人态度要和蔼,热情大方,面带微笑,语气轻柔,口齿清晰,文雅礼貌,反应灵敏。前台是接待客人的第一个环节和最后一个环节,要讲究效率,做到办理第一位,询问第二位,招呼第三位。

（4）入住登记。按规定请客人办理相关入住手续。礼貌地查验客人的相关证件,并表示谢意。当较多客人同时抵达时,办完客人的入住手续后,应将相关事项逐一向客人陈述清楚,提醒客人有无贵重物品需要寄存,然后将钥匙递给客人或行李员,向客人道别。对无法安排住宿的客人,应向客人致歉,解释其原因,并尽最大努力为客人联系其他宾馆。

（5）周到服务。应热情解答客人的疑问,礼貌、认真地对待客人的投诉,自己如无法解决,应及时请大堂经理或相关部门、人员解决,尽量不要与客人发生正面冲突。解答问题应态度认真、表达清楚,不可敷衍。切忌不懂装懂,亦不要轻言"不知道"。对暂时不能解答的问题,应表示歉意,并请客人留下联系方法以便弄清楚后及时告知。认真对待客人的信件、留言,及时处理,不要延误。对打听住店客人情况的人应有一定的警惕,不要随便泄露住店客人的情况,特别是一些重要客人。

（6）准确结账。客人结账时,应收款项须当面向客人说清,结账完毕后应向客人表示谢意。结账应迅速、准确,尽量减少客人等待时间。结账客人较多时,应注意先来后到。

（7）接受预定。在受理客人预定时,必须注意以下事项:接到电话或函电预订后,应立即处理,不能让客人久等。填写预定单时,必须认真、仔细,逐栏、逐项填写清楚。否则,稍有差错,将会给接待工作带来困难,影响服务质量和酒店的经济效益。遇有大团或特别订房时,订房确认书要经前厅部经理或总经理签署后发出。如确实无法满足其预定要求,要另发函电,表示歉意,并同样经前厅部经理或总经理签署后发出。

四、乘电梯礼仪

服务人员一般不允许乘坐客用电梯,但在一些特殊情况下,如行李员携带行李引导客人前往客房过程中,也会出现与客人同乘电梯的情形。这时,应注意以下几点。

（1）礼貌候梯。伴随客人来到电梯厅门前时,服务人员应先按电梯呼梯按钮。等候电梯时,应站在电梯门两侧,不要妨碍电梯内的人出来。

（2）出入有序。进入有人管理的电梯时,服务人员应主动后进后出;进入无人管理的电梯时,则应当先进后出。若客人不止1人时,服务员可先行进入电梯,一手按"开门"按钮,另一手按住电梯侧门,礼貌地说:"请进。"请客人们进入电梯轿厢。到达目的楼层时,服务人员应一手按住"开门"按钮,另一手做出请出的动作,可说:"到了,您先请!"

（3）文明乘梯。进入电梯后,按下客人要去的楼层按钮。如果电梯门即将关上,但还有后来的其他客人乘梯,应帮助按住"开门"按钮,等后面的人进来。若电梯行进间有其他人员进入,可主动询问要去几楼,帮忙按下。电梯内尽量侧身面对客人。在电梯内挪动时,特别是手里有东西时,注意不要碰撞他人。进出电梯需要从别人身边走过,应说一声"劳驾"或"对不起"。客人走出电梯后,自己立刻步出电梯,并热诚地引导客人行进的方向。

五、大堂经理礼仪

大堂经理作为职业的一种,在现代酒店业中扮演着相当重要的角色。大堂经理是受总经理委托并代替总经理处理客人对酒店一切设备、设施、人员、服务等方面的投诉,监督各部门的运作,协调各部门的关系,保证酒店以正常的秩序向顾客提供优质服务的中层管理人员。他们是沟通酒店和客人之间的桥梁。大堂经理服务礼仪方面的要求主要有以下方面。

1. 熟悉自身岗位的工作职责

大堂经理大致的工作范围包括：

①维护大堂秩序保障客人安全，保持大堂肃静、优雅和文明；②妥善安排当日工作，监督检查前台服务员的工作质量；③处理客人投诉，协助酒店领导和有关职能部门处理在酒店内发生的各种突发事件；④解答宾客询问并向宾客提供必要的协助和服务；⑤每天做巡视工作，监督酒店工作人员的仪容仪表、卫生状况、设备运行以及安全等情况。

由以上可以看出，大堂经理在酒店除了起桥梁和纽带的作用之外，还是监督酒店工作质量的"法眼"。

2. 具备相应的素质

大堂经理一般要求大专以上学历，专业不限，接受过服务管理、酒店管理的培训，懂得公关礼仪、心理学、管理学及酒店业务知识，熟悉酒店的各项管理工作流程和管理规范，具有较强的组织、管理和协调能力，具备相当的培训能力，应变能力强，英语口语流利，具备良好的气质，和蔼、大方，仪表端庄，性格开朗，善于交际，具有全局观念、服务意识和较强的责任心，能承担较大的工作压力。

3. 正确认识客人投诉

客人对服务进行投诉是正常现象。从某种意义上讲，投诉也是沟通管理者和客人的桥梁，是坏事，也是好事，它可能会使被投诉的部门或人员受到相应惩罚，甚至会使所有服务人员感到难堪；但同时又是一个信号，告诉酒店在服务和管理中存在着问题。如果酒店接受，并对症下药，就能使自己的服务及设施得到改进与提高，从而吸引更多的客人前来光顾。此外，投诉还提供了与客人修补关系、缓和矛盾的契机，从而有利于酒店开拓市场，获得更多客户。

4. 认真聆听和妥善处理客人的投诉

处理投诉要本着真心诚意地帮助客人解决问题、绝不与客人争辩和不损害酒店利益的原则。无论是对酒店设备的投诉、对服务态度的投诉、对服务质量的投诉还是对异常事件的投诉，都应该首先以冷静的态度去认真听取客人的意见，对客人的遭遇表示同情并给予关心，把将要采取的措施告诉客人并征得客人的同意后，尽可能帮助客人解决问题。最后，不要忘记将解决问题所需要的时间告诉客人，以免客人等候。

六、电话总机礼仪

电话总机是酒店的内外信息沟通联络的枢纽和形象窗口。电话接待是在通话双方不露面、看不见表情和手势的情况下进行的，总机的声音和通话方式是服务礼仪的重要表现方式。

（1）及时接听。电话铃响要立即停止自己所作之事，亲自接听电话。一般以铃响三次以内拿起话筒为最好时机。如果因为特殊原因没有及时接起电话，拿起电话第一句话就应该说："对不起，让您久等了。"

（2）亲切问候。拿起话筒后，首先向对方亲切问好，并应自报家门。

（3）耐心倾听，认真处理。接电话时，不要与人交谈、看文件或者看电视、听广播、吃东西。要认真倾听对方的来电事由，按要求逐条回答客人或转接。如果客人讲话听得不清楚或不明白,应委婉地请客人再重复一遍。不能不耐烦,更不能置之不理,或者将错就错,把电话随意拨转出去。当客人有急事,而恰逢分机占线不能接通时,更要耐心解释清楚。对于拨错号码的客人,同样应以礼相待,而不能训斥对方。当客人需要留言时,应认真记下有关事由、时间、地点和姓名,复述认可后,保证及时转达。对于来电话查询的客人,应热情相待,在可能的情况下,尽自己的努力去办。接到客人的电话投诉,要高度重视,认真听取顾客的抱怨,了解实质性的原因。站在顾客的立场上将心比心,诚心诚意地去表示理解和同情。哪怕是客户因自身愿望和要求得不到满足的心理失衡或因素质修养及个性原因产生的不合理抱怨,也要正确理解和表示谅解。同时,快速行动,把客户投诉及时地向相关部门反映,并将处理结果和相关信息及时反馈给客人。

(4) 礼貌应答。应答及时、准确、得体,态度、举止要文明,多使用敬语和其他礼貌用语,并注意始终带着微笑通话,通过友好的声音来传递酒店对客人诚挚的欢迎。一定要用"您好""谢谢""请""麻烦""劳驾""让您久等了"之类的谦词。在举止方面,应对自己有所要求,不要把话筒夹在脖子下;不要趴着、仰着或坐在桌角上;不要高架双腿在桌子上。在查阅资料让对方等候时,无论时间长短,都应该说一声:"让您久等了。"亲切的致歉会让对方感到温暖和被尊重。

(5) 致谢和告别。无论客人因为何种原因打进电话,结束通话后,均应礼貌地向对方道一声"再见",向客人致谢,并致以祝福,待对方挂机后方可摘线。

(6) 叫早(醒)服务。为客人提供叫醒(Morning call)、请勿打扰(Do not Disturb)等电话服务时,话务员应该认真做好记录,并复述一遍,将时间和房号录入计算机或做好记录,按时通过电话叫醒客人。若是贵宾和重要客人,则派专人叫醒或提前5min电话催请叫醒。

(7) 讲究职业道德。不偷听客人谈话内容,不泄露客情资料,不给不轨之徒骚扰客人提供方便。

参考案例1

客人被车门夹伤

东南亚某市一家一流酒店门前,豪华轿车川流不息,好不风光。酒店贵客洪太太乘上一辆奔驰车,当迎送员推上车门时,只听洪太太"啊哟"一声,迎送员忙把门打开,可已经来不及了,洪太太的手指被门夹了一下,而且伤得很厉害。"你是怎么关的门?"洪太太怒气冲冲地责问迎送员。"对不起,夫人!可我是看你落座后才关的门。"迎送员解释说。"你还强辩!"洪太太更是怒不可遏。于是双方发生了一场争执……

第二天,洪太太通过律师向酒店投诉,并提出了赔偿1000美元治疗费及精神损失费的要求。洪太太陈述:这一事件是由迎送员明显的失职造成的。作为客人,对于酒店专职服务人员的过失行为所造成的损害要求给予赔偿,是理所当然的。

酒店方面对洪太太的投诉做了反驳:根据迎送员的陈述,当时洪太太已进了车内,两手也放在了里面。迎送员是看清情况、确认不会发生事故之后才把门推上的。洪太太是在迎送员关门时不小心把手伸到了关门的地方。这一本不该发生的事故是因客人的无意行为而发生了。这要归咎于酒店是不公平的。确切地说,这一事故与其说是由于迎送员的过错造成,还不如说是因洪太太不当心造成的结果。

点评:

(1) 从本案例来看,客人受了伤,酒店总负有不可推卸的责任。具体地说,不论事故发生的原因是什么,开门、关门是迎送员的职责,专门司职开关门的人却因为关门给客人造成了不该发生的事故,这只能说明是迎送员的失职;而从根本上说应归咎于迎送员所属酒店的过错,如教育不力、管理不善等,所以酒店不能不赔偿洪太太的损失。

(2) 迎送员在处理洪太太受伤的态度、方法上,也是不冷静、不正确的。如果换一种积极主动的态度和方法,效果就会好得多。试想,当迎送员看到客人的手被夹伤时,马上赔礼道歉说:"夫人,是我失手了,真对不起!"一边立即从口袋里掏出雪白的手绢,为客人包扎止血,并且带客人去酒店的诊疗所。洪太太的伤若得到了妥善的治疗,迎送员诚恳道歉的态度同时使她大为感动,那么对迎送员的过失洪太太也不好再说什么,投诉、赔偿之类的念头也可能会烟消云散了。

日本东京都某酒店也发生过一件迎送员关门夹伤客人之手的事故,闯祸的迎送员就采取了类似以上假设的认错、道歉补救的态度和方法,还特地报出了自己的姓名,使客人谅解了迎送员的过失,自己离开酒店去找认识的医生治疗,几天后还寄来一封感谢信,对那位迎送员的行为表示敬佩和赞赏,并高度肯定了酒店服务质量和从业人员的管理水平。可见,对待过错,采取正确的态度、方法,还可以"因祸得福"呢。

参考案例2

客人行李被错拿后

一天上午,上海一家五星级宾馆大堂,各国客人来来往往、熙熙攘攘。一位新加坡客人提着旅行箱走出电梯准备离店,正在值勤的保安员小徐见行李员都在忙着为其他客人服务,便热情地迎上前去,帮新加坡客人提起旅行箱往大门走去。快到行李值台时,他发现电梯口又有离店客人出来需要帮助,就把行李提到行李值台处放下,并请值台人员代办,即回电梯口为其他客人服务。

这时,又有一批日本客人离店,他们自己的行李放在新加坡客人旅行箱旁,由于陪同疏忽,既未指定服务员照看行李,又没有拿行李牌注明,就去收款处结账,因此,当他们离店时,就"顺手牵羊"地把那位新加坡客人的旅行箱一起带走了。当新加坡客人在为寻找自己的行李急得团团转时,离其乘坐的赴苏州的火车发车时间只有55min了。

面对这突如其来的紧急情况,大堂经理当即安慰客人,请客人放心,一定设法找回失物,不误班车,并马上向宾馆有关方面了解日本团队的去向,得知他们乘火车离沪去杭州,便当机立断派保安员小徐随新加坡客人一起乘坐宾馆的轿车去火车站找寻日本客人。结果不到半小时,就在候车室找到了日本客人。新加坡客人拿到失而复得的旅行箱,转忧为喜,连声称谢。
点评:
这件事从意外发生到妥善解决,酒店方面既有值得吸取的教训,又有令人首肯的地方。

(1) 为了保障客人行李财产的安全,酒店应加强对员工的有关服务程序的检查与监督。保安员小徐主动补位帮助客人搬运行李,这种精神值得肯定。他为了进一步为其他客人服务,将手头客人行李半途转交行李值台处理,固然出于工作热情,无可厚非,但从严密的工作程序上推敲,似有不妥,最好将客人的行李一手处理完毕,再去为别的客人服务,较为稳妥。日本团队的行李放在新加坡客人行李旁,造成错觉,固然是由于陪同疏忽,既未指定服务员照看行李,又没有拿出行李牌做标记,但值台服务台员也负有一定责任。值台服务员既然接受了小徐的委托,就应该保管好客人的行李,当时他可以及时地把客人的行李挪开,不使混淆,或者提醒日本团陪同拿出行李牌,以示区别,这样就可以避免错拿行李的事故发生了。

(2) 酒店方面为维护客人的行李财产安全,对这一突发事件采取的应变措施是及时而正确的。首先安慰客人,稳定其情绪,紧接着摸清日本团队的去向,然后带着客人"跟踪追击",终于赶上了日本团队,又不误其班车。酒店急客人所急,想客人所想,并以较强的应变能力"亡羊补牢",使客人的损失减少到了最低限度,是值得称道的。

参考案例3

记住客人的姓名

一位常住的外国客人从饭店外面回来。当他走到前台时,还没有等他开口,接待员就主动微笑地把钥匙递上,并轻声称呼他的名字。这位客人大为吃惊,由于饭店对他留有印象,使他产生一种强烈的亲切感,旧地重游如回家一样。

还有一位客人在前台高峰时进店,服务员小姐突然准确地叫出:"刘先生,服务台有您一个电话。"这位客人又惊又喜,感到自己受到了重视,受到了特殊的待遇,不禁添了一份自豪感。

另外一位外国客人第一次前往住店,前台接待员从登记卡上看到客人的名字,迅速称呼他以表欢迎,客人先是一惊,而后做客他乡的陌生感顿时消失,显出非常高兴的样子。简单的词汇迅速缩短了彼此间的距离。

此外,一位贵宾(VIP)带陪同人员来到前台登记,服务人员通过接机人员的暗示,得悉其身份,马上称呼客人的名字,并递上打印好的登记卡请他签字,使客人感到自己的地位不同,由于受到超凡的尊重而感到格外开心。

点评:
学者马斯洛的需要层次理论认为,人们的较高需求是得到社会的尊重。当自己的名字为他人所知晓时就是对这种需求的一种很好的满足。

酒店工作中,主动热情地称呼客人的名字是一种服务的艺术,也是一种艺术的服务。

通过酒店服务台人员尽力记住客人的房号、姓名和特征,借助敏锐的观察力和良好的记忆力,做出细心周到的服务,使客人留下深刻的印象。如果客人今后在不同的场合提起该饭店都赞不绝口,那么他等于是饭店的义务宣传员。

目前,国内著名的饭店规定:在为客人办理入住登记时,至少要称呼客人名字三次。作为一个合格的前台服务员,最基本的条件是要熟记VIP的名字,尽可能多地了解他们的资料,争取在他们来店报家门之前就称呼他们的名字,当再次见到他们时能直称其名。同时,还可以使用计算机系统,为所有下榻的客人做出历史档案记录,以便对客人做出超水准、高档次的优质服务。应该记住客人的名字,把每一位客人都看成是VIP,使客人从心眼里感到饭店永远不会忘记他们。

参考案例4

电梯礼仪

一天,一位客人乘坐酒店观光电梯准备下到大堂。当电梯行至酒店行政办公楼层时,走进两位身着酒店制服、正准备去参加每月生日会的员工。两位员工边聊边随手按了一下电梯按钮。但员工随即发现错按了五楼,而员工生日会通常在三楼或二楼举办。于是员工改按了三楼的按钮。当到达三楼,电梯门打开后,员工发现三楼好像没有来参加生日会的人,那生日会应该是在二楼举办,于是员工又按了二楼。员工的行为引起一同乘坐电梯的客人的不快,当电梯到达大堂后,客人向大堂经理投诉,认为酒店员工不应该乘坐客用电梯,且员工乱按电梯完全不考虑客人的感受。

点评:

由于员工在乘坐客用电梯时,忽视了客人的存在,不注意自己的行为规范和必要的电梯礼仪,以致引起客人的不快。为此,我们对使用客用电梯的事项和有关礼仪应加以注意和遵守,因为员工按错楼层,客人可以理解,但忽视或不礼貌对待客人,必定会引起客人不满。

(1)通常,酒店的客用电梯和员工电梯是分开使用的。一般规定,除了部门副经理以上的管理人员外,一般员工在非工作需要(如没有陪同客人)时是不能使用客用电梯的。

(2)因工作需要在使用电梯时,应礼貌地向电梯内的客人问好,并按住电梯按钮,让客人先进、先出电梯。

(3)当电梯内客人较多时,应等候下一部电梯,而不能与客人争抢电梯。

参考案例5

恼火变笑容

一天,总台接待了一位荷兰籍华人张先生。进房以后,张先生打电话给客房中心要求加快洗一条裤子,下午外出办事时穿。楼层服务员很快就到了客人房间收取裤子,张先生特意关照服务员裤子需要干洗不要熨烫。在规定时间内服务员将裤子送到房间,张先生一看非常恼火,裤子的面绒被烫倒且发亮,而且还烫了两条挺刮的裤缝,客人要求投诉。

客房的服务员将此事告诉了值班的大堂经理。大堂经理将情况了解清楚以后就直接到客人房间,当面向客人道歉。张先生非常气愤地说:"我事先与服务员讲过,这条裤子是从国外带回来的新面料,只要洗干净就可以了,根本不需熨烫,而且裤子用根很粗的线缝着一个小布条,要是没有备用剪刀根本就无法取下,只有用牙去咬断。本来想你们是星级酒店服务水准很高,真没想到会是这样。"大堂经理向张先生再次道歉,并感谢他给酒店提出的宝贵意见,请张先生放心地外出办事,将裤子交给他处理,回来保证能看到一条完好如初的裤子。这时张先生才稍微地露出一点笑容,持着怀疑的目光看着大堂经理说:"真的可以吗?"大堂经理微笑着对张先生说:"您就放心吧。"

大堂经理将裤子很快地送到客房中心,告诉服务员:"裤子洗好后,一定要将订在裤子上的编号剪下以后再给张先生送去。"又与洗衣房负责人联系将裤子重新洗一遍,再用软毛刷将裤面绒倒着刷一遍,还准备了一盆鲜花、水果给客人送去。请前厅做客史存档。

张先生回房后打电话给大堂经理表示非常满意,并致谢。在此以后张先生经常入住这家饭店,并提出一些良好的建议,饭店也将张先生作为VIP客人来接待。

点评:

(1) 客房服务员责任心不强。对于客人的特别要求应明确地记录在洗衣单上,用文字交接,避免因口头交接造成失误。

(2) 洗涤中心人员专业知识水平不全面。要不断加强培训,学习业务知识。

(3) 客人的投诉是改善和提高饭店服务质量的重要途径。

(4) 通过客人的反馈,可以了解到工作中存在的问题和不足,以便及时地加以改正。

(5) 客人的合理化建议会提高饭店的管理水平。

参考案例6

电话语言技巧

某日,一位穿着得体的男士来到酒店前台,对服务员小高说:"小姐,你好!请问你们酒店陈总在吗?我找他有事情。"小高起身微笑着说:"您好!请问您贵姓,是哪儿的?有什么事,我能帮您转达吗?""不行,我姓李,是大野广告公司的,有事要同你们陈总亲自说。""哦,好的,我帮您联系一下。"小高说完后,拿起电话拨通了陈总办公室的内线电话,接电话的正是陈总本人。小高接通电话后说道:"您好,请问陈总在吗?这里有位大野广告公司的李先生找他。"陈总一听小高的话就说:"哦,对不起,陈总外出办事去了。"这时小高放下电话,又笑着说:"李先生,对不起!陈总不在酒店,他外出办事情去了。"客人李先生笑笑说:"好的,我再同他联系。"

点评:

这是我们经常会遇到的事情,经常会有一些不明身份的客人来到酒店,动不动就是要求找老总,或要老总的手机号码,如我们拒绝,遇到好说话的也许只在心里骂你,遇到不好说话的就是不走,或隔三差五地来找。而小高处理得是很到位的,她既满足了客人的要求,又没有耽误事情。

有时一些客人要见老总可能是有与酒店相关的事情要洽谈,甚至可能为酒店带来相关利益,如果不通报老总,可能会带来预想不到的后果,而小高通过"电话的语言技巧",处理得极好。因为电话是能听其声而不能见到其人,她明知道是陈总接的电话,却不是说:"您好,陈总!这里有客人找您。"而是问:"请问陈总在吗?"然后将来访者的相关资料全部告诉了陈总,这样陈总通过她反映的来访者姓名、单位等资料,可以告之是否接见。这样既简单又不误事,同时不会得罪来访者,可以说是一箭双雕。

自我检测

1. 分成小组,分别扮演迎送员、行李员、前台服务员和住店、离店客人,模拟演练酒店前厅的工作过程,注意各个角色在服务礼仪方面的主要要求。
2. 怎样认识客人投诉问题?如何处理客人投诉?
3. 与客人同乘电梯时,酒店服务员有哪些注意事项?
4. 酒店电话总机服务有哪些礼仪要求?

单元三　餐饮服务礼仪

教学目标

通过本单元的学习,应该掌握餐饮服务礼仪的整个服务过程,并学会在实践中灵活运用,能胜任领台、值台、账台、走菜、厨台服务人员的工作,尽好岗位职责。

教学内容

(1) 迎客及引座礼仪;
(2) 餐前服务礼仪;
(3) 上菜与撤盘的礼仪;
(4) 客人进餐过程中的礼仪;
(5) 就餐完毕后的服务礼仪;
(6) 特殊人群要特殊对待的服务礼仪。

教学方法

本单元为实践技能学习,学生分组在酒店由指导教师指导学习。

相关知识与技能

餐厅是宾客就餐的场所,若按具体分工来讲,餐厅服务工作人员有领班、领台、值台、传菜员、酒水员、收款员等。为了随时适应任务变化的需要,各工作岗位上的餐厅服务员,不仅应该全面掌握餐厅服务中心的各项业务技能,而且也必须懂得和遵守服务中心的各项礼节礼貌,这对维持酒店的形象与发展极为重要。

一、餐饮礼仪

(一)迎客及引座礼仪

1. 迎客的礼仪

迎接客人时,服务人员横排对称站立餐厅门口的两侧并热情服务,做好以下两点基本工作。

第一,仪表整洁,卫生待客。仪表整洁卫生,是饭店各个岗位的服务人员都应做到的基本要求,对餐厅服务员来说,要求则更严格。很难想像,一个头发蓬乱、遍身油污的人迎接客人进入餐厅,会使客人有胃口就餐。

第二,站立服务,礼貌待客。服务员应面带微笑迎接、热情问候,如"欢迎您来用餐"。切忌因忙碌对客人不闻不问。在客人允许下,要帮助客人脱下外衣,拿雨伞和包裹,然后向客人问明是否预定位置和就餐人数,并将客人引至桌边,为之拉椅,帮助入座。

2. 引客入座,因人而异

餐厅服务员为客人引座时,应注意就坐的位次礼仪规范,应因人而异,一般遵循尊重客人、方便客人、为客人着想的原则。例如,贵宾光临要安排最好的位置;对于夫妇、恋人应引到安静幽雅的地方;对于老人或行动不便者应安排在出入方便的地方;带小孩的客人应安排在孩子影响不到其他人的位置;个人单独用餐可安排在窗边的位置等。

3. 正确引座的礼仪

首先,要主随客便。餐厅空位多时,服务员应让客人挑选其满意的位置。其次,致歉并引领客人等候。当餐厅暂无空位时,则礼貌地如实告知客人应等大约多长时间才能有座位,由客人决定是否等待。如客人愿意等待,服务员则应将客人引至休息处,并斟茶倒水,给予歉意的问候与安慰;如客人时间有限,可建议去其他利于客人消费的餐厅,并礼貌地致歉道别,切忌不理不睬,冷落客人。再次,礼貌在先,合理并桌。有时,客人急于就餐,又不想去其他餐厅时,可以事先征求就餐双方人的意见,在征得双方同意后,才可与有客人的桌子并桌。

(二)餐前服务礼仪

1. 斟茶礼仪

在客人就餐前,服务员要为客人斟茶。在为客人斟茶倒水时以倒至水杯 3/4 处为宜,切忌倒满;斟茶时,不可碰到嘴唇所触的杯口部分,茶杯的柄要转到客人右手顺手可握的角度;应从客人右边斟茶,且要先给女主人或女宾斟茶倒水。有时,为了保证茶水的浓度适宜,可以采用"轮回倒法",然后一一递送给客人。

2. 递送菜单的礼仪

客人落座后,服务员首先要及时递送干净、无污渍的菜单。递送时,应从客人座位左侧双手递上,态度要恭敬,一般先给女客或长者;其次,不马上要菜单,呈上后应离开一会儿,让客人从容选择至少 5min 后再回桌边和蔼地询问客人是否准备点菜;再次,认真记录菜名,服务员应用记录簿记录下每一道菜名后立即向客人重复一遍,以免记错。如客人对菜名不熟,应根据客人性别、身份、籍贯主动推荐菜肴,切忌一味推荐高价菜肴,引起客人反感,更不可随意用脑记菜单或将菜单丢在餐桌上一走了之。

3. 为客人敬烟的礼仪

宾客有意吸烟时,服务员应及时主动上前帮助点火。方式一:用打火机为客人点烟时要斜递过去,态度要恭敬,且火焰大小适中。方式二:用火柴给客人点烟时,划火后要稍停,待火柴气味散发后再给客人点烟,礼貌起见,点一次火只为一位客人点烟,以示尊重。此外,服务员还要及时更换烟灰缸,烟灰缸中有两三个烟头时,就要更换。换烟灰缸时,要用一只清洁的烟灰缸盖住脏烟灰缸,一并拿走后取掉脏烟灰缸,把清洁的放回桌上,以免烟灰飞扬弄脏菜肴。

(三) 上菜与撤盘的礼仪

1. 明确上菜的顺序

在上菜时,服务员要按中餐上菜的顺序:先酒后菜;先冷后热;先咸后甜;先厚味后清淡;先荤后素;先菜后汤等。在上菜过程中,服务员要一一介绍菜名及特色。上完后再上点心和水果。客人点菜后,要保证 10min 内凉菜上桌,热菜也不超过 15min,以免客人等候时间过长。饮料和汤水应先为女士或长者盛上,酒、饮料要用右手从客人右边一一斟上,并礼貌问候。

2. 遵守上菜的礼仪

首先,上菜要从客人的左侧上菜,一般不要在主宾和主人之间,速度要适中;其次,每上一道菜,应介绍菜名并将转台旋转一周,让客人看清楚;再次,带头的菜,如全鸡、全鸭头部一律朝右,脯部对着主人。上菜完毕后说:"您的菜已经上齐了。"在上菜过程中,若不小心将菜或汤洒落在客人身上,要及时主动道歉并及时解决问题。

3. 上菜端盘的礼仪

服务员在传菜时要使用托盘(图 3-1)。首先,走菜时,走路要轻,要保持身体平衡,端平走稳,保证菜及汤汁不洒、不滴。其次,端菜时,服务员的手指不能触及盘碟上口或浸入菜汤内。再次,摆菜时,操作要轻,并将荤素及菜肴色泽合理搭配,形状要美观大方(图 3-2)。切忌将菜肴胡乱地堆放到客人的餐桌上,使客人不满意。

图 3-1 上菜端盘

图 3-2 菜肴的摆放

4. 撤菜的礼仪

撤菜要征询宾客的意见,除空碟外,收撤菜碟应先征得客人同意。收桌具及污碟时,应用右手从客人右边撤下,先收银器、筷子,后收碗、勺、调料碟、水杯。切忌在客人面前刮盘子或传递污碟,或者将客人还没吃完或正在食用的菜肴撤下,甚至不小心弄脏客人的餐具等。

(四)客人进餐过程中的礼仪

1. 客人进餐时的服务礼仪

为使客人满意进餐,在客人进餐时,服务员的工作要细心周到。不仅要做好相应的本职工作,还要对客人就餐过程中发生的事情做出及时的处理。例如:服务员要为客人及时添加饮料、更换烟灰缸;餐具如果落在地上要更换,不可擦拭后重上;撤餐碟前,要征求客人的意见;桌上菜快吃完而仍有菜未上时,要及时催取;桌布弄脏了要用一块餐巾垫在上面;为客人调节窗帘、调整音乐音量及空调温度等。

2. 服务员处理投诉时的礼仪

即使服务员的服务很周全,但有时也会因种种原因让客人不满意。对待客人的投诉要做到"两心,一尊";"两心"指耐心和诚心;"一尊"指尊重客人的要求。例如:当客人对服务和菜肴提出问题时要耐心倾听并诚心地给予解答;客人进餐若有异常反应,桌子上的所有菜肴都不要撤掉,要尊重客人的需求,立即请有关人员处理,以示尊重;如菜有质量问题,可以告之客人另做一份或不收该菜费用。总之,处理客人投诉要耐心、诚恳,切忌与客人动怒或与客人争吵。

(五)就餐完毕后的服务礼仪

1. 结账礼仪

结账也是服务的重要一环,客人就餐结束后,招呼服务员时,服务员要及时送上账单。

结账应注意一些细节问题,服务员要想周全,如客人为两位异性客人,结账时账单要先给男士,以尊重男士的风度;多人用餐时,要问结账的主人是谁;无人结账时,要了解清楚是否为其他结账方式等。送账单和找钱要用小托盘,账单要核算准确,不要把很旧的钱币找给客人。结账的账单有出入时,要与客人沟通、处理好再结账。

2. 送客的礼仪

客人离去时,服务员要有送声,提醒客人不要遗忘物品,并毕恭毕敬地说:"欢迎再次光临。"当客人走出店门时,两旁的迎宾应主动向客人致意,欢迎他们再次光临,给顾客留下好印象。切忌不闻不问,人走茶凉。待客人已经走出店门,服务员才可撤台,重新摆台。撤台时,要轻拿轻放,以免影响其他客人用餐。

(六)特殊人群要特殊对待的服务礼仪

有时酒店也会接待特殊的人群,服务员更要把握工作方式,特殊对待,尊重为本。例如:盲人就餐时,服务员应读菜单,并告诉客人菜肴所在的具体位置;对于聋哑客人,可适当打简单的手语或用书写的文字交流;对于儿童,要提供儿童座椅或儿童娱乐的项目,有时还要帮助客人看护儿童,以确保大人放心就餐等。总之,在对待老、弱、病、残、孕等特殊客人时,服务员应更加主动、热情、周到,切忌不理不睬、冷眼相对,损坏酒店的形象。

二、餐饮服务礼仪实训

(1)实训时间:4课时。
(2)实训准备:空教室一间、圆桌若干、餐饮用具若干。
(3)实训要求:掌握餐饮服务规范。
(4)实训内容及操作规范见表3-1。

表3-1 餐饮服务实训操作规范

实训项目	实训内容	操作标准及要求
餐饮服务礼仪	引领客人	1. 客人来到餐厅后,迎宾员应礼貌地问候客人。 2. 在确认客人的餐饮预定后,引领客人到指定餐位。 3. 引领员在值台员的协助下为客人拉椅让位
	餐前服务	1. 值台员为客人铺上餐巾。 2. 值台员开始从主宾右侧依次递送小毛巾。 3. 迎宾员为主人打开菜单第一页,将菜单送于主人手中
	茶水服务	1. 值台员征询客人意见,选择茶叶种类。 2. 值台员制备茶水。 3. 遵循服务次序为客人依次斟茶倒水
	点菜服务	1. 值台员向客人介绍菜单内容及餐厅特色菜肴,帮助客人选择菜肴食品。 2. 当客人点菜完毕后,值台员应复述客人点的菜单内容,以免出错。 3. 将点菜单分别送至传菜间、厨房和收银台。 4. 点菜服务结束后,为客人进行酒水单的确定。 5. 在客人右侧为其撤掉筷子套
	用餐服务	1. 为客人上菜,并准确报出菜肴的名称。 2. 随时注意观察客人台面情况,及时为客人添加酒水。 3. 随时撤下空盘、空碗。 4. 及时为客人撤换烟灰缸。 5. 及时满足客人在就餐过程中的各种要求。 6. 随时注意清理台面卫生。 7. 当客人就餐完毕,服务员征询客人同意后,方可将餐具撤下。 8. 为客人送上水果拼盘

(续)

实训项目	实训内容	操作标准及要求
餐饮服务礼仪	征询客人意见服务	1. 客人就餐完毕后，服务员要再次为客人递送小毛巾。 2. 餐厅领班在不打扰客人谈话的前提下，主动向主人征询对本餐厅的服务和菜肴食品的质量意见。 3. 如果客人表示满意，餐厅领班应表示真诚的感谢。 4. 如果客人提出意见，餐厅领班应认真记录，真诚地感谢客人对餐厅的建议
	餐饮服务礼仪	1. 当客人要求结账时，值台员应到账台取回客人账单，并核对账单内容是否准确。 2. 将账单夹在账单夹内，从主人的右侧将账单递送给主人，请客人结账及送客结账。 3. 客人结账时，值台员应真诚地感谢客人。 4. 客人离开餐厅时，迎宾员应将客人送至餐厅门口，并感谢客人的光临，表示欢迎客人再次光临

注意事项

1. 做好餐饮服务礼仪的要点

（1）笑迎宾客，自然大方并亲切问候："您好，欢迎光临！请问一共几位？"如果是男女结伴而来，应先问候女宾，再问候男宾。对老、幼、残宾客，应主动上前照料。

（2）根据宾客的不同情况把他们引入座位。如重要宾客光临，应把他们引领到餐厅中最好的位置；夫妇、情侣就餐，应把他们引领到安静的角落位置；全家、亲朋好友聚餐，应把他们引领到餐厅中央的位置；对老、幼、残宾客应把他们安排在出入比较方便的位置。

安排座位应尽量满足宾客的要求，如果该座位已经被先到的宾客占用，服务员应解释致歉，求得谅解，推荐其他令宾客较满意的座位。

（3）宾客走近餐桌，服务员应按先女宾后男宾，先主宾后一般宾客的顺序用双手拉开椅子，招呼宾客入座；宾客曲膝入座的同时，轻轻推上座椅，使宾客坐好、坐稳。

（4）宾客送上茶水，切忌用手接触茶杯杯口。适时主动恭敬地递上菜单，不能随意将菜单扔在桌上。顾客点菜时，要耐心等候，不能催促，让宾客有考虑的时间。

（5）点菜时，拿好纸、笔随时记录。如宾客犹豫不决，服务员应当好参谋，热情介绍菜肴品种和特色。应注意语言艺术，礼貌委婉，不要勉强或硬性推荐，以免引起宾客反感。如宾客点的菜已经无货供应，应礼貌致歉，求得谅解。

如菜单上没有宾客点的菜，不要拒绝，可以说："请允许我与厨师商量一下，尽量满足您的要求。"宾客点菜时，服务员应面带笑容，上半身略微前倾，身体不能靠在餐桌边，不能把手放在餐桌上，要认真倾听，准确记录，避免出错。

2. 学生练习中出现的错误

（1）有宾客不慎掉落餐具，有的学生在宾客面前一擦了事。

（2）有的同学在服务过程中擅离岗位与他人聊天。

（3）结账时，有的同学把账单正面朝上递给宾客。

(4) 有的学生不太注意个人卫生,制服上面有油点,在宾客面前有掏耳朵、抓头发、打哈欠等情况,显得精神不佳。

单元四　客房服务礼仪

教学目标

使学生掌握客房服务的基本礼仪,包括迎客工作礼仪、住客服务工作礼仪、离店结束工作礼仪,能为客人提供优质的客房服务。

教学内容

迎客的准备工作礼仪;客人到店的迎接礼仪;住客的服务工作礼仪;离店结束工作礼仪。

教学方法

本单元为专门岗位服务技能礼仪知识学习,以课堂讲解和模拟演练为主。

相关知识与技能

客房是宾客的主要休息场所,客房服务员要承担宾客的日常生活服务,与宾客接触最多。客房服务质量的高低,直接反映了饭店、宾馆的整体管理水平。因此,客房服务员应文明待客,掌握客房服务中的礼貌、礼节,按礼仪规范要求为宾客提供热情周到的服务,为饭店、宾馆赢得荣誉。

一、迎客的准备工作礼仪

准备工作是服务过程的第一个环节,它直接关系到后面的几个环节和整个接待服务的质量。所以,准备工作要做得充分、周密,并在客人进店之前完成。

(一) 了解客人情况

为了正确地进行准备工作,必须先了解客人到店时间、离店时间、何地来、去何地、人数、身份、国籍、健康状况、性别、年龄、宗教信仰、风俗习惯、生活特点及接待规格、收费标准和办法等情况,以便制订接待计划,安排接待服务工作。

(二) 房间的布置和设备的检查

根据客人的风俗习惯、生活特点和接待规格,对房间进行布置整理。根据需要,调整家具设备,铺好床,备好热水瓶、水杯、茶叶、冷水具、火柴及其他生活用品和卫生用品。补充文具夹内的信封、信纸、服务指南、客人须知和各种宣传品,补充冰箱内的饮料。

按照接待规格将酒店经理的名片放在桌上,如是重要客人还要准备鲜花和水果,表示欢迎。如果客人在风俗习惯或宗教信仰方面有特殊要求,凡属合理的均应予以满足。对客人宗教信仰方面忌讳的用品,要从房间撤出来,以示尊重。

房间布置好之后,要对房内的家具、电器、卫生设备进行检查,如有损坏,要及时报修。要试放面盆、浴缸的冷热水,如发现水质混浊,须放水,直到水清为止。

(三)迎客的准备

在客人到达前,要调好室温,如果客人是晚上到达,要拉上窗帘,开亮房灯,做好夜床。完成准备工作后,服务员应整理好个人仪表,站在电梯口迎候。

参考案例

7月11日晚21点左右,8209室客人打电话到前台说:"你们的服务是怎么搞的?矿泉水没给我送,牙刷少一个。"当班接待员说:"很抱歉,先生,我们马上派服务员给您补上,您稍等。"客人很不高兴的说道:"你光道歉有什么用,马上给我送过来。"随即挂断电话。当班接待员立即打电话到台班说明情况。

点评:

我们的企业精神是以情服务,用心做事,给客人提供个性化、亲情化服务是建立在满足物质需求和精神需求的基础上的一种升华,如果连客人最基本的必需品都满足不了,又何谈升华呢。当班服务员的责任,是在为客人清理房间时备齐所有必需品,本案中却没有备齐,从而造成了顾客的不满,我们所做的努力就全白费了,这就是 100-1=0 的道理。

另外,我们常讲:细节、细节还是细节;检查、检查还是检查。即员工干工作时要注意细节问题,而管理者在检查工作时要注重细节。管理的一半是检查,没有检查的管理就是畸形的管理,是管理的一大缺陷。所以,无论做任何事情,无论对谁来说,都不能偷工减料、任意省略。换一个角度思考,假如自己是客人,在住酒店的时候,连最基本的东西都没有,会是什么样的感觉。因此在工作中还要加强换位思考的意识,时刻把客人的利益摆在第一位。

二、客人到店的迎接礼仪

(一)梯口迎宾

客人由行李员引领来到楼层,服务员应面带笑容,热情招呼。如果事先得知客人的姓名,在招呼时应说:"欢迎您! ××先生",然后引领客人到已为客人准备好的房间门口,侧身站立,行李员用钥匙打开房门,请客人先进。

(二)介绍情况

房间钥匙由总服务台统管,客人办完住房手续后,由行李员为客人提行李、拿钥匙,送客人到房间。客人初到酒店,不熟悉环境,不了解情况,行李员应首先向客人介绍房内设备及使用方法,同时向客人介绍酒店服务设施和服务时间。

(三)端茶送巾

客人进房后,针对接待对象按"三到"——"客到、茶到、毛巾到"的要求进行服务。如客人喜欢饮冰水、用冷毛巾,也应按其习惯送上。

(四)陪客人到餐厅

对初次来店的客人,第一次用膳时要主动陪送到餐厅并向餐厅负责人介绍客人饮食特点及收费办法和标准等。

参考案例1

酒店微笑服务

在内地一家饭店,一位住店台湾客人外出时,有一位朋友来找他,要求进他房间去等候,由于客人事先没有留下话,总台服务员没有答应其要求。台湾客人回来后十分不悦,跑到总台与服务员争执起来。公关部年轻的王小姐闻讯赶来,刚要开口解释,怒气冲冲的客人就指着她鼻子尖,言词激烈地指责起来。当时王小姐心里很清楚,在这种情况下,勉强做任何解释都是毫无意义的,反而会使客人情绪更加冲动。于是她默默无言地看着他,让他尽情地发泄,脸上则始终保持一种友好的微笑。一直等到客人平静下来,王小姐才心平气和地告诉他饭店的有关规定,并表示歉意,客人接受了王小姐的劝说。没想到,这位台湾客人在离店前还专门找到王小姐辞行,激动地说:"你的微笑征服了我,希望我有幸再来饭店时能再次见到你的微笑。"

点评:

的确,微笑已成为一种各国宾客都理解的世界性欢迎语言。世界各个著名的饭店管理集团,如喜来登、希尔顿、假日等有一条共有的经验,即作为一切服务程序灵魂与指导的十把金钥匙中最重要的一把就是微笑。美国著名的麦当劳快餐店老板也认为:"笑容是最有价值的商品之一。"我们的饭店不仅要提供高质量的食品饮料和高水准的优质服务,还要免费提供微笑,这样才能招揽顾客。

当然,微笑必须以优质服务为基础。下面举一个反面事例:有一次,一个西欧旅游团深夜到达某饭店,由于事先联系不周,客房已满,只好委屈他们睡大厅。全团人员顿时哗然,扬言要敲开每一个房间,吵醒所有宾客,看看是否真的无房。此时,客房部经理却向他们"微笑"着耸耸肩,表示无可奈何,爱莫能助。这使宾客更为不满,认为经理的这种微笑是一种幸灾乐祸的"讥笑",是对他们的污辱,便拍着桌子大声喝道:"你再这样笑,我们就要揍你!"使这位经理十分尴尬。后来在翻译人员的再三解释下,客人的愤怒才告平息。显然,这样的"微笑"离开了优质服务,与微笑服务的本意南辕北辙。

总之,微笑服务是饭店接待服务中永恒的主题,是饭店服务一刻不可放松的必修课,它包含着丰富的精神内涵和微妙的情感艺术,即热忱、友谊、情义、信任、期望、诚挚、体谅、慰藉、祝福等。

三、住客的服务工作礼仪

为了使客人住得舒服、愉快,有"宾至如归"之感,日常的服务工作必须做到主动、热情、周到、细致。

(一)端茶送水

每天早晨客人起床后,要把开水送到房间。客人在房间会客,应按"三到"服务要求送上茶水和香巾。客人外出,应说"祝您愉快"。客人外出回来也要送茶和香巾。晚上一般不送浓茶,以防浓茶有刺激性,影响客人睡眠。

房间的开水每天要换3次~4次,早晨、午餐前、午间休息后和晚上各换一次。冷水具每天早晨要撤换,以后要看客人饮用情况换送。客人自带咖啡需要沸水冲饮,要及时提供沸水;客人喜欢冷饮,要随时补充冰箱饮料,以保证供应。如有访客,开水、凉开水及饮料的供应要视需要情况及时补充。

(二) 整理房间

按照客人的接待规格、要求和酒店"住房清扫程序"整理房间。上午要按照程序进行清扫,拉开窗帘、倒垃圾、换烟灰缸、换毛巾、扫地板、擦家具和各种物品;补充房间的茶叶、文具用品和清扫、整理卫生间。

客人午间休息起床后,进行小整理,倒垃圾、换烟灰缸、整理床上卧具、撤换用过的毛巾。

晚上,利用客人到餐厅用餐的时间,到房间做夜床并再一次小整理。

(三) 委托代办和其他服务

要认真、细致、及时、准确地为客人办好委托代办的事项,如洗衣、房间用餐、访客接待和其他客人委托代办的事宜。

(四) 安全检查

酒店首先应对客人的生命财产负责,确保客人的安全是客房部的一项极其重要的职责。如果因措施不力或工作疏忽,使客人的人身或财物受到损害,不仅酒店在经济上要受到损失,更严重的是酒店的声誉也要受到影响。因此,必须在每个服务环节上有安全措施。

参考案例2

酒店客房个性化服务

要使顾客高兴而来,满意而归,光凭标准的、严格的、规范化的服务是不够的,只有在规范化的基础上,逐渐开发和提供个性化服务,才能给客人以惊喜,才能让客人感觉到"宾至如归",才能使客人"留连忘返"。下面列举几个客人可采纳的个性化服务项目,供大家参考。

(1) 绝大多数客人晚上休息时,喜欢将客房的遮光窗帘拉合好,以使自己睡得香甜,因而客房服务程序中规定对住客房间开夜床。然而,有的客人却因一天的工作劳累,常常一觉到天明,为了不影响第二天的繁忙工作,希望将遮光窗帘中间留出一条缝,这就需要细心的服务员发现、分析、判断,在夜床服务时提供客人满意的服务。

(2) 服务员早上清扫房间时发现,客人将开夜床时已折叠好的床罩盖在床上的毛毯上,再看空调是23℃。这时服务员立即主动加一张毛毯给客人,并交待中班服务,夜床服务时将温度调到26℃左右。

(3) 服务员为客人清扫房间时,发现客人的电动剃须刀放在卫生间的方石台面上,吱吱转个不停,客人不在房间。分析客人可能因事情紧急外出,忘记关掉运转的剃须刀,这时,服务员要主动为客人关闭剃须刀开关。

(4) 服务员清扫房间时,发现一张靠背椅靠在床边,床上垫着一块小塑料布,卫生间还晾着小孩衣裤。服务员立刻明白,这是母亲怕婴儿睡觉时掉到地上,于是随即为客人准备好婴儿床放入房间。

(5) 服务员清扫房间时,发现床单、毛毯、床垫等各处都有不同程度的秽污,他马上意识到,是客人外出游玩因饮食不慎引起肠胃失调。这时,应将所有脏的物品更换一新,还应通过楼层主管及时与导游联系,并通知医生及时治疗,使客人得以康复。

(6) 服务员清扫住房时,发现暖水瓶盖开着,不知是客人倒完开水,忘记盖好瓶塞,还是客人喜欢喝凉开水,故意打开瓶塞的。为满足客人的需要,服务员为客人送去了凉水瓶并装满的凉开水;同时,暖水瓶照例又更换好了新的开水。

(7) 服务员发现客房中放有西瓜,想必是旅客想品尝一下三亚的西瓜,绝对不会千里迢迢带个西瓜回家留个纪念。所以,服务员主动为客人准备好了一个托盘、水果刀和牙签。

事例虽小,但常常使客人惊喜万分。一封封的表扬信,给客房服务员以肯定与鼓励;一张张的笑脸,拉近了双方的距离。"客人也是人,是有血有肉的人。"因此,要想为客人提供优质服务,做好个性化服务,请走近客人,细心观察,只有站在客人的角度去看待、分析、处理问题,才能收到实效。

四、离店结束工作礼仪

客人离店的结束工作有以下三项。

(一) 做好客人离店前的准备工作

要了解客人离店的日期、时间,所乘交通工具的车次、班次、航次,所有委托代办的项目是否已办妥,账款是否已结清,有无错漏。

问清客人是否需要提前用餐或准备饭盒餐。早晨离店的客人是否需要叫醒,什么时间叫。如房间有自动叫醒钟,应告诉客人如何使用。最后,还要询问客人还有什么需要帮助做的事情。如果有的事情在本部门不能完成,应与有关部门联系,共同协作,做好离店的准备工作。

(二) 定时的送别工作

利用客人就餐时间,检查客人有无物品遗留在房间,如有,要提醒客人。客人离开楼层时,要热情送到电梯口,有礼貌地说:"再见"、"欢迎您再来"。要有一名服务员帮助客人提行李,并送至大厅。老、弱、病、残客人要有专人护送下楼,并搀扶上汽车。

(三) 客人走后的检查工作

客人走后要迅速进入房间,检查有无客人遗忘的物品,如有,应立即派人追送,如送不到,应交总台登记保管,以便客人寻找时归还。同时,要检查房间小物品,如烟灰缸或其他手工艺品有无丢失,电视机、收音机等设备有无损坏,如有,应立即报告主管。

五、客房服务员的基本礼仪

客房服务员在工作中要注意以下礼仪。

(1) 按规定穿着制服,服装整洁,讲究个人卫生。不佩戴贵重珠宝手饰,不浓妆艳抹,工作前不吃有异味的食物。

(2) 服务礼貌、热情、周到、主动。接到总台的接待任务后,应及时做好准备工作。见到宾客要笑脸相迎,并致欢迎词:"您好!欢迎!"根据宾客的性别和身份礼貌称呼,如"先生、女士、小姐、阁下"等。与宾客交谈时,要"请"字当先,"谢谢"收尾。

（3）节假日迎宾时,应对宾客特别问候。如"新年好!""圣诞快乐!""感恩节愉快!""祝您度过一个愉快的假期!"等。对新婚度蜜月的宾客要说:"欢迎下榻本店,衷心祝福你们新婚快乐!"

（4）主动帮助宾客提携行李物品,但如宾客拒绝就不要强拉硬拿。对老、幼、病、残的宾客要给予特殊的关照。

（5）把宾客引领到客房门口,开门后请宾客先进。对不太了解如何使用房间设备的宾客要礼貌地详细介绍;对冰箱里的饮料是否收费应婉转地告知宾客;简单介绍饭店的各项设施,如餐厅、酒吧、美容室的位置等,帮助客人适应环境。如客人没有其他需求,应立刻退出客房,以免影响宾客休息。

（6）如逢宾客生日,应送上蛋糕表示祝贺。如宾客身体不适,应主动问候是否需要诊治,可以说:"请多保重,是否需要我去请医生来?"

（7）尽量满足宾客的正当要求。如宾客要在房内用餐,应及时通知餐饮部,膳食送入房内要轻拿轻放;及时向宾客传送邮件、报纸杂志;经常换添毛巾、香皂等;为宾客洗烫衣物要及时,不遗忘,不搞错;房内设备损坏需及时维修,如一时无法解决,应向宾客说明原因,致歉请求谅解。

（8）平时见到宾客,要主动招呼,不能视而不见。与宾客相遇要点头致意并主动让路,不能与宾客抢道并行;如有急事要超过前面行走的客人,要先致歉,然后加快步伐超越。

（9）打扫客房前,要先轻轻敲门,征得客人同意后方可进入。打扫客房时,不能随意翻动宾客的物品,如打扫时需要移动,清扫完后应把物品放回原位。打扫客房时,如宾客在房内工作、读书、会客,不能在旁窥视、插话。

（10）需进入客房与宾客说事时,应简明扼要,不能拖延。被宾客唤进客房,应半掩房门,客人请你坐下,应婉言谢绝。房门上挂有"请勿打扰"的牌子时,不能擅自闯入。

（11）工作中不慎打坏杯盘时,应表示歉意并马上清扫;如宾客不慎损坏易耗物品,应给予安慰并马上更换,不能流露厌烦情绪和责备口气。

（12）不能利用工作之便探听宾客的私人情况,如年龄、收入、婚姻状况等。不能向宾客索取任何物品,不能拿宾客丢弃的任何物品。

（13）不能与其他服务员聚在一起议论宾客的仪表、生理缺陷、行为习惯等,不能给宾客起绰号。工作时,应保持安静,不能大声喧哗或与他人嬉笑。不能在走廊内奔跑,造成紧张气氛。夜间工作时,应轻声细语,以免影响宾客休息。

（14）宾客交谈时,不要插话,或以其他形式干扰。不能当着宾客、来访朋友的面要求付账。工作中,如宾客挡道,应礼貌招呼,请求协助。

（15）工作中如发生差错,要主动、诚恳地道歉,不能强词夺理,推卸责任。对宾客的投诉要耐心倾听,虚心接受,马上改正。即使错在宾客,也不要与之争辩,待宾客消气后,再婉转解释,消除误会,取得谅解。对投诉过的宾客仍要热情周到地为其服务,不能不理不睬。

六、客房服务实训

（1）实训时间:4课时。

(2) 实训准备:空教室一间、客房用具若干。
(3) 实训要求:掌握餐饮服务规范。
(4) 实训内容及操作规范见表3-2~表3-4。

表3-2 客房服务操作规范(一)

实训项目	实训目标	实训用品	实训步骤	操作规范
中式铺床	熟练掌握这种现为绝大多数星级饭店所采用的做床方法	1. 床:规格为120cm×200cm×44cm。 2. 一套床上用品及其规格:床单1张·280cm×200cm;被套1床230cm×180cm(另加飞边5cm);被芯1床155cm×235cm,重量不小于1.5kg/床;枕芯2只45cm×80cm,0.8kg/只;枕套2只48cm×85cm。 3. 床架、床头柜、床垫(包括床护垫)、床头板、工作台,地面铺有地毯	拉床	弯腰下蹲,双手将床架稍抬高,然后慢慢拉出。将床拉离床头板约60cm。注意将床垫拉正对齐
			整理床	在撤布草的过程中,有可能使床垫移位,护垫翘角,要按顺时针方向去整理将它们复位,注意:保护垫的正面要朝上,保证无污渍及毛发
			铺单	1. 甩单:将折叠的床单正面向上,用左手抓住床单尾部商标,右手抓住床单尾部打松,并将其抛向床尾位置,然后右手抓住床单头分别向左右两边打开床单。 2. 开单:两手将床单打开。手心向下,抓住床单头按在床垫约30cm处,然后将床单提起约70cm高度,使空气进到床尾部位,呈鼓起状,身体稍向前倾,用力将床单甩出去,当空气将床单尾部推开的瞬间,顺势调整将床单往床头方向拉至下垂,利用空气浮力定位,使床单的中线不偏离床垫的中心线,两头垂下部分相等。 3. 包角:先包床头,将床头下垂部分的床单披进床垫下面,包右角,左手将右侧下垂的床单拉起折叠,右手将右角部分床单披入床垫下面,然后左手将折角往下拉紧包成直角,右手将角下垂的床单披入床垫下面,包左角与包右角相同,床尾左右角包法与包床头左右角一样。包边包角时方向一致、角度相等,紧密、不露巾角
			套被套	1. 取被套把被套打开于床面,再叉开被套入口,面向上,底向下。 2. 将被芯平铺在床上。将被套外翻,把里层翻出。分清被尾(有商标的为被尾)。使被套里层的床头部分与被芯的床头部分固定。两手伸进被套里,紧握住被芯床头部分的两角,向内翻转,用力抖动,使被芯完全展开,被套四角饱满。将被套开口处封好。 3. 调整棉被位置,使被床头部分与床垫床头部分齐平,将棉被床头部分翻折约25cm,棉被的中线位于床垫的中心线。棉被不能有皱折,两边长度一致,自然垂直,不能鼓起,被尾要离地毯20cm,以被尾两个角翘起为标准
			套枕套	1. 抖开枕套平放于床面,将枕心对折,右手抓住枕心前部,左手把枕套口张开,再用右手拿枕心压住枕套口下边,把枕头装入枕套内。 2. 两手抓住枕套口上下抖动,使枕心全部到位,要求枕心四角与枕套四角重合、饱满,枕头外形平整挺阔。 3. 分别将两只枕头并列斜靠在床头板中间,与床成45°斜角,枕头与床头边线平行,不能超出床头,枕套口反向于床头柜
			推床	将铺好的床向前推进,与床头板吻合

（续）

实训项目	实训目标	实训用品	实训步骤	操作规范
西式铺床	熟练掌握这种现为绝大多数星级饭店所采用的西式做床方法	1. 床：规格为120cm×200cm×44cm。2. 一套床上用品及其规格：床单284cm×200cm，毛毯242cm×200cm，枕芯45cm×75cm，枕套50cm×80cm，定型床罩：267cm×110cm，裙长44cm。3. 床架、床头柜、床垫（包括床护垫）、床头板、工作台，地面铺有地毯	拉床	1. 弯腰下蹲，双手将床架稍抬高，然后慢慢拉出。2. 将床拉离床头板约50cm。3. 注意将床垫拉正对齐
			整理床	1. 开单。用手抓住床单的一头，右手将床单的另一头抛向床面，并提住床单的边缘顺势向右甩开床单。2. 打单。将甩开的床单抛向床头位置，从床尾方向的床单打开使床单的正面朝上。3. 手心向下，抓住床单的一边，两手相距80cm～100cm。将床单提起，使空气进到床尾部位，并将床单鼓起。在离床约70cm高度时，身体稍前倾，用力拉下去。当空气将床单尾部推开时，利用时机顺势调整，将床单尾部拉正，使床单中线与床中线吻合。床单必须一次性到位，两边所落长度需均等。床单保持平整，然后披边包角。包角一般有侧包角和正包角两种方法，但角度要求一致，即内角45°，外角90°
			第一次包角	将床单四角包进床垫，四角的样式统一、紧实，外角90°，内角45°
			铺衬单（第二张床单）	服务员站位与铺设第一条床单要求相同。第二条床单正面朝下，中线与床中线吻合，床单首端余出10cm左右，床单保持平整。衬单与铺垫单的方法基本相同，甩单必须一次到位，两边所落长度需均等
			铺毛毯	毛毯铺设在第二条床单上面。要求正面朝上，商标放在床尾，中线与床中线吻合。毛毯首端与床头距离要适当（一般30cm左右）。然后将第二条床单首端反折在毛毯上面。最后将毛毯连同第二条床单同时塞入软垫下面，披边包角。边角包法及要求与铺第一条床单相同。若需要在毛毯上铺设第三条床单，方法要求与毛毯铺设相同
			第二次包角	将毛毯及第二张床单一起从床头回折30cm，将四角包进床垫下，四角的样式统一、紧实，外角90°，内角45°
			装枕套	1. 两个枕头上下整齐。2. 枕芯不外露。3. 四角饱满。4. 外形平整挺括。5. 中心线不偏离。6. 开口背向床头柜
			放床罩	正面朝上，对正中线。先整理床的尾端。要求床盖尾端及两侧下垂部分的长度一致，然后将床头多余部分塞入枕下并做出枕线
			将床复位	用腿部将床推回原位。
			复位	床头与床头板对称，放在床头板的中间位置

注：床单、枕袋、床盖等床上用品要无皱、无破损、无污迹。做床时，要求三线对齐，即床单中线、毛毯中线、枕头中线对齐。披边要求平、严、实。包角要求式样、角度标准一致

表 3-3 客房服务操作规范(二)

实训项目	实训目标	实训用品	实训学时	操作步骤
卫生间清洁	要求学生通过对客房卫生间部分的清洁实训,熟练掌握清洁卫生间的方法	手套两对、抹布四块、小垫毯一块、清洁篮一个、百洁刷若干个、消毒清洁药水若干	2学时	1. 准备。带好清洁用具。 2. 进卫生间。进卫生间时要携带清洁篮和小垫毯,先把小垫毯放在卫生间门口,防止将卫生间的水带入卧室和损坏房间地毯。把清洁篮放在云石台面靠门口的一侧。 3. 撤卫生间物品。把客人用过的"四巾"逐条打开检查,看是否夹带有其他物品,然后堆放在一起,接着将客人用过的香皂、浴液、发液分类放在清洁篮内,用过的牙具等杂物放在垃圾桶内,然后把垃圾桶内的垃圾卷起。可以利用的物品,如肥皂头等集中放在工具箱内。 4. 清洁面盆和浴缸。戴上洗面盆、浴缸的专用手套后,用百洁刷刷洗云石台上三格瓷砖墙壁后用水冲干净;用百洁刷刷云石台面一遍后用水冲干净;用百洁刷刷洗一次面盆和水龙头后用水冲干净;用百洁刷刷洗浴缸上方三格瓷砖和浴缸内外,开启浴缸塞,放走污水,然后打开喷头,让水射向墙壁及浴缸,冲净污水。这时可将浴帘放入浴缸加以清洁;用布擦干面盆、浴缸。用两块抹布,依次按面盆、云石台面、墙、镜面、浴缸、浴缸上方墙、面中架、浴帘杆、浴帘的顺序擦干净。 5. 清洁镜面。将玻璃清洁剂喷在干净抹布上;用干净抹布从上至下擦净。 6. 清洁电镀制品。用干布将其表面擦净;必要时可用抛光剂进行擦拭。 7. 清洁恭桶。换上另一对专门洗恭桶的专用手套;用一块专用百洁布刷洗恭桶水箱、恭桶盖板正反面、恭桶坐板正反面、恭桶座底,最后放水冲洗干净;用另一个恭桶刷刷洗恭桶内壁,并用水冲洗干净;用恭桶专用抹布依次按恭桶坐板正反面、恭桶盖板正反面、恭桶水箱、恭桶底部的顺序擦干净。 8. 消毒"三缸"。用消毒水喷洒"三缸",依次按面盆、浴缸、恭桶内壁、恭桶座板顺序消毒,然后盖上恭桶盖板。 9. 清洁排风口。开启排风口,擦净; 10. 冲地漏。用清水将卫生间地漏冲洗干净。 11. 补足客用品。按规定补足客用品:A. 巾类;B. 浴液;C. 牙具;D. 浴帽;E. 卷纸;F. 杯具;G. 垃圾袋。按要求摆放好。 12. 抹地面。用地板专用抹布将卫生间地板抹干净。 13. 将至门口时,反身清洁卫生间门背后,然后再退至门外将门口地面抹净
客房清洁检查	掌握查房的方法和程序	记录本	2学时	按顺时针或逆时针方向循序渐进,发现问题应当马上记录,及时解决。 1. 房间 房门:无指印,锁完好,完全指示图等完好齐全,请勿打扰牌及餐牌完好齐全,安全链、窥镜、把手等完好。 墙面和天花板:无蛛网、斑迹,无油漆脱落和墙纸起翘等。 护墙板、地脚线:清洁、完好。 地毯:吸尘干净,无斑迹、烟痕。如需要,则做洗涤、修补或更换的标记。 床:铺法正确,床罩干净,床下无垃圾,床垫按期翻转。 硬家具:干净明亮,无刮伤痕迹,位置正确。 软家具:无尘无迹,如需要则做修补、洗涤标记。 抽屉:干净,使用灵活自如,把手完好无损。

（续）

实训项目	实训目标	实训用品	实训学时	操 作 步 骤
客房清洁检查	掌握查房的方法和程序	记录本	2学时	电话机：无尘无迹，指示牌清晰完好，话筒无异味，功能正常。 镜子与画框：框架无尘，镜面明亮，位置端正。 灯具：灯泡清洁、功率正确，灯罩清洁、接缝面墙、使用正常。 垃圾桶：状态完好、清洁。 电视与音响：清洁，使用正常，频道应设在播出时间最长的一挡，音量调到偏低。 壁橱：衣架的品种、数量正确且干净，门、橱底、橱壁和格架清洁完好。 窗帘：干净、完好，使用自如。 窗户：清洁明亮，窗台与窗框干净完好，开启轻松自如。 空调：滤网清洁，工作正常，温控符合要求。 小酒吧：清洁、无异味，物品齐全，温度开在低挡。 客用品：数量、品种正确，状态完好，摆放合格。 2. 卫生间 门：前后两面干净，状态完好。 墙面：清洁、完好。 天花板：无尘、无迹、完好无损。 地面：清洁无尘、无毛发，接缝处完好。 浴缸：内外清洁，镀铬件干净明亮，皂缸干净、浴缸塞、淋浴器、排水阀和开关龙头等清洁完好，接缝干净无霉斑，浴帘干净完好，浴帘扣齐全，晾衣绳使用自如。 脸盆及梳妆台：干净，镀铬件明亮，水阀使用正常，镜面明净，灯具完好。 座厕：里外都清洁，使用状态良好，无损坏，冲水流畅。 抽风机：清洁，运转正常，噪声低，室内无异味。 客用品：品种、数量齐全，状态完好，摆放正确。 随着酒店业的发展，设备要求正在不断更新，检查表的内容也应不断地丰富和发展
做房综合实训	要求学生通过对客房卧室部分的实际清扫，熟练掌握客房日常卫生的工作方法	房务工作车(布草车)一辆、吸尘器一台、布草若干、房间用品若干、清洁用具若干	2学时	1. 准备工作。检查工作车上客用品是否齐全；将工作车靠墙放置，不要离门太近，以免妨碍他人。 2. 按门铃、敲门。首先检查一下房门是否挂着"请勿打扰"牌或上"双锁"；轻轻敲三下门，声音不要太大，使客人听到为标准，同时报身份"服务员"；在门外等候10s，倾听房内动静，如无反应，可以重复以上程序两遍。 3. 开门。在确认房内无动静后，使用钥匙将门轻轻打开，并报明自己的身份，询问"可以进来吗？"然后方可入内；如果客人在房内，要等客人开门后或经客人同意后方可进入并向客人问候，询问客人"是否可以打扫房间"。 4. 开窗户。拉开窗帘，打开窗户。 5. 巡视检查。打开所有照明灯具，检查是否完好有效；检查和调节空调到适宜温度；巡视门、窗、窗帘、墙面、天花板、地毯、电视、电话及各种家具是否完好，如有损伤，及时报告领班报修，并在客房清洁报表设备状况栏内做好记录；检查有否遗留物品，若有，应立即上报并做好记录。 6. 检查小酒吧。发现已消费的酒水，填写酒水单，在下班时递送前台收银并报告领班；随手将小酒吧冰箱清洁干净。

(续)

实训项目	实训目标	实训用品	实训学时	操作步骤
做房综合实训	要求学生通过对客房卧室部分的实际清扫,熟练掌握客房日常卫生的工作方法	房务工作车(布草车)一辆、吸尘器一台、布草若干、房间用品若干、清洁用具若干	2学时	7. 清洁垃圾。将房内的垃圾桶及烟缸内的垃圾拿出倒掉前,应检查一下垃圾桶内是否有文件或有价值的物品,烟缸内是否有未熄灭的烟头;清洁垃圾桶和烟缸,确保垃圾桶及烟缸干净无污迹。 8. 清理脏布件。将客人放在床、椅等处的衣服用衣架挂起,放入衣橱内;把床上的床罩、毛毯放在椅子或沙发上;换下床上的床单、被单、枕套,连同浴室内需要更换的四套巾(浴巾、面巾、小方巾、足巾)一起,分类点清放入工作车的布件袋内,发现有破损的布件和毛巾,分开存放(若客人放置了环保卡则床单、被单、枕套等床上用品不必更换);取出客衣的洗衣袋;从工作车上带进干净的布件。 9. 铺床。见中式、西式铺床。 10. 擦尘。按顺序使用抹布擦拭床板、椅子、窗台、门框、灯具及桌面,达到清洁无异物;使用消毒剂擦拭电话;擦拭灯具时,检查灯泡功率是否符合标准,有无损坏,如有,应立即报更换;保证房内所有家具、设备整洁;擦拭各种物件后,随手将用过的茶具、酒具和客用物品放到工作车上。 11. 核对电视频道。核对和检查电视频道;检查多功能柜的功能。 12. 清洁浴室。见清洁浴室程序。 13. 补充客用物品。按照规定的数量补足客用物品。 14. 关窗户。检查整理好窗帘。 15. 吸尘。用吸尘器从里往外,吸净地毯灰尘;不要忽略床、桌、椅下和四周边角,并注意不要碰伤墙面及房内设备;及时准确地用清洁剂清除地毯污渍。 16. 环视检查房间整体。检查整个房间是否打扫整洁,物品摆置是否到位。 17. 离开房间。将清洁用品放回车内;擦拭门把手、关灯,并对大门做安全检查。 18. 登记。登记做房的时间

表3-4 客房服务操作规范(三)

实训项目	实训目标	实训用品	实训学时	实训步骤
晚间服务	通过学习要求学生掌握夜间做房的方法和程序	带卫生间客房及房内设施	1学时	1. 按规定程序开门进房。 2. 开灯,看是否都亮,将空调开到指定刻度上。 3. 轻轻拉上窗帘。 4. 整理卧室: (1)清理垃圾和清洁烟灰缸。 (2)更换茶杯。 (3)除尘除迹。 5. 开夜床。 (1)将床罩从床头拉下整理好,放在规定的位置。 (2)根据客人人数按规定或客人的习惯开始做夜床,将靠近床头一边的毛毯连同衬单/被子向外折成30°角,整理好床面开口处,将剩余部分塞入床垫下,以方便客人就寝。一人住单床,则开有电话的床头柜一侧;一人住双床,则一般开临近卫生间那张床的靠床头一侧;如两人住单床,则两边都开;两人住双床,则各自开靠床头柜的一侧。

项目三　酒店服务礼仪

(续)

实训项目	实训目标	实训用品	实训学时	实训步骤
晚间服务	通过学习要求学生掌握夜间做房的方法和程序	带卫生间客房及房内设施	1学时	(3)打开床头灯。开A床时则开A床床头灯,开B床时则开B床床头灯,开双人床时开靠近卫生间墙一侧的床头灯。 (4)拍松枕头,如饭店提供睡衣应叠好放在枕头上。 6. 补充房间用品: (1)按饭店规定摆放鲜花、晚安卡或小礼品。 (2)将夜巾放在床头柜上床折角处的地毯上,将一次性拖鞋摆放上面。 (3)补充茶叶、茶杯。 7. 整理卫生间: (1)冲洗恭桶。 (2)清洁客人用过的浴缸、面盆及台面。 (3)用专用擦布擦洗地面。 (4)将浴帘拉至浴缸的2/3处,浴帘尾部放入浴缸内,将酒店提供的浴衣摊开在床尾。 8. 回到卧室拉上遮光窗帘。 9. 按规定将空调调节好。退出房间,锁门
客人离店查房	掌握宾客办理离店查房的相关程序	客房、对讲机、小酒吧、入住/退房一览表、玻璃杯。学生自行准备其他用具	1学时	1. 宾客到前台办理离店手续,前台人员第一时间通知房务中心,"你好,2811房退房,李刚"。 2. 房务中心接到通报后,马上派人到客房检查是否有宾客遗留物品以及小酒吧消费,同时在"入住/退房一览表"上注明退房的房号、通知人、抵离时间及查房人,通知保洁及时清理房间卫生。发现有宾客遗留物品、小酒吧消费以及发现有宾客损坏、污染物品时,要立即通知前台:"你好,2811房间有宾客遗留的××××,其他OK,王伟。"或者"你好,2811房间宾客消费了××××,金额××元,其他OK,王伟。"或者"你好,2811房间宾客损坏/污染了××××,价值××元,其他OK,王伟。" 3. 前台人员根据房务中心的通报办理离店手续。宾客离店后发现的任何问题,皆由查房人员负责,未发现宾客遗留物品以及未发现小酒吧消费皆属于重大失误。 4. 查房人员回房务中心后,马上开据酒水单,注明房号、日期、时间及经手人,有遗留物品时填写"遗留物品登记表"

123

项目四　空乘服务礼仪

单元一　空中乘务员职业形象

教学目标

空中乘务员是航空公司形象的"窗口",在一定程度上体现了社会、民族的精神风貌和文明程度。因此,乘务员应注重自己的形象,使其符合职业化要求,做到优雅、端庄、大方、亲切,彬彬有礼,并在执行航班单元和穿着制服期间始终保持良好的公众形象。

教学内容

乘务员的职业形象,要充分展现个人形象的职业风采,而其中最重要的是要体现出在职业领域的专业性。乘务员职业形象包括仪容(外貌)、仪表(服饰、职业气质)以及仪态(言谈举止)三方面,其中最为讲究的是形象与职业的匹配。

教学方法

本单元为理论与实践技能学习,以教师讲授与学生练习相结合为主要学习方式。

相关知识与技能

一、化妆

乘务员的化妆应在良好的个人卫生的基础上,追求整体的美观和谐。女乘务员要求妆面整洁、得体,使用同一彩妆色系;口红一般选用大红、深红、桃红、玫瑰红;唇线笔与口红的颜色一致;眼影的颜色可根据制服或肤色选择,不可过于夸张、另类、炫目,与口红、腮红保持同一色系。男乘务员在执行航班前须净面,始终保持形象整洁。香水以清淡型为宜,航班运行中应始终保持口气清新。

二、发型

发型符合职业要求,做到整洁、光亮、大方;头发保持自然黑或棕黑色,发色均匀;执行航班任务时,不得带假发套;佩戴发饰的颜色为纯黑色或纯藏青色;如烫发,须吹理整齐,不凌乱。

三、手和指甲

保持手及指甲的清洁,指甲修剪整齐;指甲油颜色以透明、淡粉为宜,不可彩绘指甲;

染色指甲的长度不超过手指尖5mm，不染色的指甲不超过手指尖2mm。

四、饰物

饰物的颜色为金黄色、白色或银色；饰物的大小、粗细适中，数量以少为佳；不佩带珍珠、宝石类戒指或手链；不戴手镯、脚链；男乘务员不得戴耳环；系红绳的挂件必须隐蔽佩戴。执行任务时，佩戴款式简单、走时准确、有时间刻度的手表，不应戴卡通、工艺、广告等形态夸张的手表。表带限于金属表带、黑色或咖啡色的皮表带；表盘颜色限于白色、金黄色、灰色或黑色。

五、工作制服

乘务员要根据不同的季节、不同的任务按公司要求统一穿着制服，要求制服整齐、干净、挺括、规范。皮鞋保持光亮、无破损；着统一发放的丝袜，不许穿着拉线、破损的袜子，男乘务员应选择与服装相匹配或与之同色的袜子；女乘务员领结要保持整洁，打法美观、大方；男乘务员领带要按规定，系法要标准；围裙要求平整，无油渍；姓名牌贴在制服的左上方。

六、飞行箱包

使用公司统一发放的飞行箱或飞行包，飞行箱包上不得悬挂、张贴任何饰物。乘务组在候机区域或宾馆驻地时，飞行箱、飞行包以乘务长为准，摆放整齐。

参考案例

乘务组出行时的礼仪

当乘务组执行任务出行在机场区域时，要求穿着制服，左肩挎包，右手拉箱，并保持良好的妆容，列队行走，不大声喧哗，不得边走边打手机。行为举止注意礼貌礼节，体现乘务员的职业形象。

候机楼区域购物时，避免提拿过大的购物袋，以免有损乘务员的职业形象及公司声誉。

单元二　迎送旅客服务礼仪

教学目标

掌握迎送客阶段的服务礼仪规范和要求。

教学内容

迎客过程中表现出的良好的礼仪，会带给旅客专业、亲切、温馨的印象，将会影响旅客的情绪,进而形成客舱的氛围,而我们努力的方向就是使这个氛围和谐、愉悦。同样,送别旅客时的工作,既是表示感谢,亦可表达出欢迎旅客继续选择乘坐公司航班的愿望,同时也可能对航班服务过程的某些疏漏做出弥补。

教学方法

本单元为理论与实践技能学习,以教师讲授与学生练习相结合为主要学习方式。

相关知识与技能

一、基本姿态

（一）站姿基本要领

（1）挺胸收腹,脊背挺直,耳、肩、臂、胯成一直线,身体自然直立。

（2）面带微笑,下鄂微收。

（3）双手自然下垂,五指并拢。

（4）女乘务员:双手若置于腹前,右手在上,左手在下,双手交叉,五指并拢,双腿并拢或成"丁"字形。

（5）男乘务员:双手若置于腹前,左手在上,右手在下,双手交叉,五指并拢,双腿并拢,脚尖可微开。

（6）注意面部表情自然大方。体态端正,双手不可环抱在胸前,不可单手或双手叉腰,身体不可斜靠在物体上,不可用脚尖或脚跟点地,甚至发出声响。

（二）指示方位时的姿态要求

（1）指示方位时,五指并拢,手背伸直。

（2）小臂带动大臂,根据距离的远近调整手臂的高度。

（3）身体随着指示的方向自然转动,目光与所指示的方向一致。

（4）手势明确（分为近、中、远三个姿势）。

① 近:小臂与大臂成90°,大臂靠近自己的身体（"小姐/先生,您的座位在这里"）。

② 中:小臂与大臂成120°（"小姐/先生,您的座位在中间"）。

③ 远:小臂与大臂成180°,身体可微微向前倾（"小姐/先生,您的座位在那里/后面"）。

（5）注意面带微笑,目光注视旅客。当手指示某一方向时,目光朝着所指的方向;当手收回时,目光回到旅客的身上。手掌保持垂直地面的方向,与手臂平行,手心不要向上翻起。

（三）行礼的要求

行礼时,要做到微笑到、视线到、语言到、动作到。

（1）点头、致意。也称欠身礼,适用于客舱等狭小的空间致礼,也适合同事及关系密切的人打招呼,一般为15°左右。

（2）迎送客礼。首先,看着客人的眼睛,接着,含笑低下头伸展背部,从腰部往上弯曲身体,一般为15°～30°,上半身向前倾斜,稍微停顿一下,再慢慢抬起头,给人恭敬的感觉。抬头后,一定要再看客人的眼睛,且满含笑容。适用于迎送客人。

(3) 鞠躬礼。基本方法同上,一般鞠躬45°左右,适用于表示感谢或赔罪。
(4) 开关行李架时,要做到姿势优雅,必要时,踮起脚以增加高度,并侧对旅客。

二、迎送客

(一) 机门迎客

(1) 站姿端正,稍侧身面向机门外旅客,面带微笑,目光亲切地注视每一位旅客,主动问候旅客,声音柔和、响亮,致礼15°~30°。

(2) 五指并拢,向旅客指示方向引导旅客进入客舱。

(3) 遇有需要帮助的旅客,主动迎上前提供帮助,并将旅客引领至分管区域的乘务员。

(4) 可与特殊旅客、常旅客等部分旅客进行简短的问候与沟通;对于儿童旅客,降低姿态,目光的高度与儿童齐平,并且和蔼、友好地与他们进行少许交谈。

(二) 客舱迎客

(1) 客舱乘务员按各自岗位区域站立,站姿端正,面向机门处,面带微笑,目光亲切地注视每一位旅客,亲切友好地主动问候每一位经过的旅客,致欠身礼15°左右。

(2) 主动询问老人、带小孩的旅客、孕妇、残疾人、VIP等特殊旅客是否需要帮助,如需要,应立即提供帮助。

(3) 主动疏导旅客,引导旅客入座,协助旅客妥善摆放行李,保持过道通畅,注意使用礼貌语言。

(三) 机门口送客

(1) 面带微笑,致礼15°~30°,目光关注经过的每一位旅客,真诚地致谢告别。

(2) 协助需要特殊帮助的旅客下机。

(四) 客舱内送客

(1) 按岗位职责站在自己的服务区域内,请重要旅客、头等/公务舱旅客优先下机。

(2) 面带微笑,致礼15°,目光关注经过的每一位旅客,真诚地致谢告别。

(3) 站立在客舱最后部的乘务员应主动与周围的旅客致谢道别,并跟随着旅客而前移,直至旅客下机完毕。

(五) 数客

站姿端正,目光亲切,表情放松自然,如有旅客主动打招呼,应面带微笑,向旅客点头微笑,并出于礼貌回应:"您好。"

参考案例

一次,由于飞机的机械故障,航班延误了三个小时。旅客在登机时都充满了抱怨,乘务长在舱门处一遍遍对旅客们说着欢迎和表示道歉的话。在这个时候,乘务长不再像往常那样单纯地问候客人"您好",因为这种简单而机械的语言,通常会遭到旅客的抱怨——"好什么好,我一点都没感觉好……"因此,乘务长说:

"下午好,很抱歉让您久等了!"

"飞机延误,给您添麻烦了!"

"下午好,大家辛苦了,真抱歉!"

因为主动道歉,既会平息旅客本来愤怒的情绪,也能在某种程度上得到旅客的同情和谅解。但有一点是,乘务长的每一次问候都会格外注意,即对待相邻的三位旅客,不会重复相同的问候语,而是尽可能变化问候语,让每一位旅客都感觉到被重视。

当旅客下飞机时,乘务长也没有像从前一样和旅客说道别语,而是说:"很抱歉,今天给您的旅途添麻烦了……"旅客笑着说:"没关系,谢谢你们的服务。"

因为延误给旅客带来的不快,通过在我们迎送客过程中表现出的真诚关怀,也能得到部分化解。

单元三 空中客舱巡视服务礼仪

教学目标

了解客舱巡视的内容与作用,掌握客舱巡视的基本要求。

教学内容

客舱巡视从旅客登机开始一直到离机,贯穿于整个服务过程中,它不仅是服务的需要,也是安全的保障。

客舱巡视要求:面带微笑,目光亲切地注视经过的每一位旅客,缓慢巡视客舱,提升客舱的温馨氛围。

巡视客舱内容:关注客舱动态;关心特殊旅客,满足其需求,主动与旅客沟通;及时处理旅客需求;保持客舱及洗手间清洁等。

教学方法

本单元为理论与实践技能学习,以教师讲授与学生练习相结合为主要学习方式。

相关知识与技能

一、客舱内的走姿

(1) 在站立的基础上向前迈步,上身要挺直,腰部用力,收小腹,臀部收紧,脊背挺直,面带微笑,两眼平视前方。

(2) 走时,成一条直线,双手自然下垂,随着脚步轻轻摆动。

(3) 巡视客舱时,目光应柔和,当目光与旅客相遇时,应微笑点头示意,不要躲闪。

(4) 女乘务员在巡舰客舱时,双手可自然相握,抬至腰间。男乘务员双手自然下垂摆动,幅度不宜过大。

(5) 如迎面遇有旅客时,应主动停下来侧身让旅客先行通过,并以身体面向旅客。

(6) 两乘务员在过道上交错时要背对背面向旅客通过。

二、蹲姿

（1）下蹲时，应保持上身垂直，两腿一高一低，轻蹲轻起，直蹲直起。

（2）捡东西时，一手五指并拢放在腿上，一手拣东西。

（3）女乘务员下蹲时，两脚一前一后，两腿尽量并拢。男乘务员下蹲时，两腿可微开。

（4）注意事项。下蹲时，注意姿态，臀部不要翘起。女乘务员应注意两腿尽量靠拢。拣东西时，保持脊背挺直，不要弯腰驼背。注意与所拣东西的距离，做好脚步的调整。

三、与旅客谈话姿势

（1）与旅客交谈时，站姿端正，正对旅客。

（2）目光应平视或仰视旅客，不应俯视旅客。

（3）与旅客谈话时保持45cm～100cm的适当距离。

（4）声音适中，亲切温和，耐心倾听，表情自然，目光真诚。

（5）可采取稍弯腰、稍屈膝或下蹲三种姿势。

（6）与VIP、头等/公务乘客、老人、小孩交谈或长时间与人交谈，可采取下蹲的姿势，面向旅客，保持适当的距离。

（7）注意事项。身体的一侧尽量靠近椅背，不要将背部留给另一个过道的旅客。与旅客交谈时，不要将手放在口袋内，或双臂抱在胸前，或扶着座椅靠背，或坐在扶手上。谈话时，不宜看手表。注意话题，不宜打听旅客的隐私。

四、与旅客沟通

（1）亲切友好地与旅客交谈。与需要照顾的特殊旅客进行必要的交谈；与小孩、老人进行适当的交谈；与常旅客进行适当的交谈。

（2）注意与旅客谈话的姿势应符合礼仪的要求，体现应有的礼貌，谈话内容避免涉及政治、宗教、个人隐私等方面。

（3）当旅客将征询表、意见卡交与乘务员时，要表示感谢，并进行适当的沟通。

五、处理旅客需求

（1）及时处理旅客呼唤铃。

（2）关心本舱位的特殊旅客，询问服务需求。

（3）及时了解旅客需求并进行处理。

（4）耐心、积极地回答旅客的问询。

（5）帮助旅客交换书报杂志，并询问阅读的旅客，是否需要打开阅读灯。

（6）对于抱怨、投诉的旅客，真诚、耐心地听取意见，进行合适的表达，并将情况上报乘务长。

六、清洁洗手间

（1）及时添补洗手间用品，始终保持洗手间卫生良好。

（2）如有旅客等候在旁，与旅客做好沟通。

七、保持客舱的整洁卫生

（1）做好客舱保洁工作，为旅客提供整洁和卫生的乘机环境。

（2）仔细检查客舱卫生，注意保持客舱及服务台卫生、整洁。

（3）确认所有手提行李合理存放，行李架关好，餐车锁定，确认出口畅通，确认旅客系好安全带，收直椅背、小桌板、脚蹬，打开遮阳板。

（4）确保合适的客舱灯光和舒适的客舱温度。

八、注意与旅客的目光交流，同时不要忘了微笑

（1）要有发自内心的微笑。这种微笑不用靠行政命令强迫，而是作为一个有修养、有礼貌的人自觉自愿发出的。唯有这种笑，才是旅客需要的笑，也是最美的笑。

（2）要排除烦恼，必须学会分解和淡化烦恼与不快，时时刻刻保持一种轻松的情绪，让欢乐永远伴随自己，把欢乐传递给旅客。

（3）要与顾客有感情上的沟通，向旅客微笑时，要表达的意思是："见到你我很高兴，愿意为您服务。"微笑体现了这种良好的心境。

九、处理旅客的呼唤铃

听到旅客呼唤铃后，要尽快处置，处理完毕后取消呼唤铃。

十、书报杂志服务

（1）主动向旅客介绍各类报纸，做到语言、表情、视线到位。

（2）送出后，根据情况询问旅客是否需要打开阅读灯，如需要，帮助打开。

（3）书报杂志的摆放方法有以下几种。

① 使用大托盘的摆放：将竖版和横版报纸整齐地依次排列在托盘上；

② 大版面书报的摆放：将报纸依次整齐地排列在手臂上；

③ 使用小推车的摆放：将报纸、杂志整齐排列在小推车上，两名乘务员推一辆车，分别向旅客介绍。

（4）服务时，可以参考以下语言：

"先生／小姐这是今天的报纸，我们有××、××请问您需要哪一种？"

"好的，您请。"

"需要为您打开阅读灯吗？"

"很抱歉，您需要的报纸我们没有配备，不过在××报上有您需要看的内容，您看可以吗？"

"很抱歉，您需要的报纸我们已经发完了，不过没关系，我会想办法，到时如有其他旅客看完的话，我帮您去换一份好吗？您看您现在需要看些什么报纸？"

十一、毛毯/枕头服务

（1）主动询问特殊旅客是否需要。

（2）根据旅客需要及时提供。

（3）面带微笑，双手递送。

（4）为睡觉旅客盖毛毯时，应在过道上轻轻展开毛毯，由下而上盖至胸口处即可，注意不要惊扰旅客。

（5）服务时，可以参考以下语言：

"先生，您需要毛毯和枕头吗？"

"先生，这是您需要的毛毯/枕头，您请。"

参考案例

飞机起飞前，一位乘客请求空姐给他倒一杯水吃药。空姐很有礼貌地说："先生，为

了您的安全,请稍等片刻,等飞机进入平稳飞行状态后,我会立刻把水给您送过来,好吗?"

15分钟后,飞机已进入平飞状态了。突然,乘客服务铃急促地响了起来,空姐猛然意识到:糟了,由于太忙,她忘记给那位乘客倒水了!当空姐来到客舱时,看见按响服务铃的果然是刚才那位乘客。她小心翼翼地把水送到那位乘客跟前,面带微笑地说:"先生,实在对不起,由于我的疏忽,延误了您吃药的时间,我感到非常抱歉。"这位乘客抬起左手,指着手表说道:"怎么回事,有你这样服务的吗?"空姐手里端着水,心里感到委屈,但是,无论她怎么解释,这位挑剔的乘客都不肯原谅她的疏忽。

接下来的飞行途中,为了补偿自己的过失,每次去客舱给乘客服务时,空姐都会特意走到那位乘客面前,面带微笑地询问他是否需要水,或者别的什么帮助。然而,那位乘客余怒未消,摆出一副不合作的样子,并不理会空姐。

临到目的地前,那位乘客要求空姐把留言本给他送过去,很显然,他要投诉这名空姐。此时,空姐心里虽然委屈,但是仍然非常有礼貌,面带微笑地说道:"先生,请允许我再次向您表示真诚的歉意,无论您提什么意见,我都将欣然接受您的批评!"那位乘客脸色一紧,嘴巴准备说什么,可是却没有开口,他接过留言本,开始在本子上写了起来。

待飞机安全降落,所有的乘客陆续离开后,空姐忐忑不安地打开留言本,却惊奇地发现,那位乘客在本子上写下的并不是投诉信,相反,是一封热情洋溢的表扬信。

是什么使得这位挑剔的乘客最终放弃了投诉呢? 在信中,空姐读到这样一句话:"在整个过程中,您表现出的真诚的歉意,特别是你的十二次微笑,深深打动了我,使我最终决定将投诉信写成表扬信! 你的服务质量很高,下次如果有机会,我还将乘坐你们的这趟航班!"

单元四　空中餐饮服务礼仪

教学目标

掌握冷热饮服务、餐食服务、酒类服务的服务规范和礼仪。

教学内容

旅客餐饮服务:包括饮料、酒类以及餐食(特殊餐)的服务。

服务过程中,要求面带微笑,注重与旅客的目光交流和语言表达;主动介绍餐饮品种,先向旅客介绍本次航班提供的餐食或饮料种类,再询问客人需要何种餐食;回收餐盘餐具时,应先征询旅客意见,如旅客主动递回,应表示感谢。

教学方法

本单元为理论与实践技能学习,以教师讲授与学生练习相结合为主要学习方式。

相关知识与技能

一、服务内容

（一）饮料服务

为旅客提供的饮品一般有矿泉水、咖啡、茶水、碳酸饮料、果汁等。

1. 饮料服务前的准备

首先,要清洁双手;水车上铺好垫车布,各类饮料、酒、水杯、小食品、餐巾纸、冰块、冰桶、冰夹等用品摆放齐全;物品摆放注意标签朝外,杯子倒扣,高度不超过车上最高的饮料瓶,大筒饮料放在水车中间,小筒饮料摆放在四周,确保安全、清洁、整齐、方便美观。

2. 饮料服务

1）当使用餐车提供服务时

主动向旅客介绍饮料品种;根据旅客需要添加冰块;送出时应握住水杯中下部,不应触碰到杯口;递送时,不能让旅客作为传递员;饮料杯放在旅客小桌板的右上角或杯槽内。

开启瓶装碳酸饮料时,应缓慢拧开瓶盖,防止喷溅;开启果汁类饮料时,应轻轻摇匀,幅度不易过大;开启罐装碳酸饮料时,避免摇晃,用毛巾捂住,放餐车内打开。

倒饮料时,壶嘴／瓶嘴对着过道;注意控制好瓶身的倾斜度和饮料的流速;饮料斟倒量一般为70%~80%,遇到颠簸,斟倒60%为宜,以免洒出。

热饮服务时,注意安全,并提醒旅客小心烫手。

收回水杯时,须征得旅客同意,水杯不宜叠放太高,放置在靠近自己身体一侧的托盘上。

2）使用热饮壶提供服务时

主动询问旅客是否需要热饮;一手拿热饮壶,一手端小托盘,水壶放在托盘上,并准备纸杯一小叠,请旅客自取托盘上的纸杯,放置在托盘上;斟倒时,壶嘴对着过道;递送时,让旅客自行取拿小托盘上的热饮,并提醒旅客小心烫手。

任何时候手都不得离开热饮壶。

3）使用大托盘服务时

托盘上的水杯摆放数量以12杯~15杯为宜;用托盘送至旅客面前,让旅客自取。

注意姿态,把握好托盘与旅客之间的距离和高度。

3. 服务时,可以参考以下语言

"小姐/先生,我们今天有可乐、雪碧、矿泉水、橙汁……请问你喜欢哪一种?"

"请问您需要热茶／咖啡吗?"

"请问您需要（×饮料）吗?"

"麻烦您/请您拿一个杯子放在小托盘上好吗？谢谢!"

"您请!"/"请慢用!"

"您请,小心烫!"

（二）餐食服务

1. 餐食服务前的准备

首先,要清洁双手,物品的摆放注意整齐、安全,进行准备工作期间,为遮挡旅客视线应拉上服务舱门帘。

2. 餐食服务方法

1）提供热面包服务

使用面包篮,铺上垫布,一手拿面包篮,一手握面包夹;使用面包夹时,注意尽量不要夹破面包,不要将面包夹在旅客面前摇晃。

2）快餐、小食品服务

小食品放在餐巾纸上方,整齐地摆放在小桌板上或送至旅客手中;保存未用的快餐,为需要的旅客及时提供。

3）盒装餐服务

发送时,将点心盒盖折叠整齐,送至旅客的小桌板或递送于旅客于中;如配有热食,则将热食送至旅客的小桌板上;回收时,点心盒叠放整齐放入餐车内。

4）餐盘餐服务

发送时,从餐车内由下而上拿出餐盘,送至旅客的小桌板上。如配有热食,则将热食置于餐盘内再送至旅客的小桌板上,热食对着旅客,收回用过的餐盘时放进餐车时,整齐地从上往下逐格摆放入车内。

3. 送餐注意事项

送餐时,要注意语言和动作的配合,同时注意保持客舱的安静整洁,走路轻、操作轻、说话轻且清晰。

4. 服务时,可以参考以下语言

"请用××。"

"您请!"

"您请慢用!"

"小姐／先生:我们今天有海鲜/面条和牛肉/米饭,请问您需要／喜欢哪一种?"

（三）酒类服务

飞机上提供的酒类一般为酒精度较低的红葡萄酒、白葡萄酒、香槟、鸡尾酒、啤酒等。从客舱安全和旅客的身体健康考虑,向旅客提供酒类应适当控制。

1. 红葡萄酒、白葡萄酒的提供

红葡萄酒应尽早从冷藏车内取出,保持与室温相近,最佳饮用温度16℃～18℃;白葡萄酒冰镇后再提供,最佳饮用温度为10℃～12℃。

向旅客详细介绍品名、产地、年份;正确开启葡萄酒(开启后的葡萄酒不宜长久保存)。

使用葡萄酒杯,红葡萄酒斟1/3杯,白葡萄酒斟2/3杯。递送时,握住酒杯的杯脚处。随时添加,添加时必须使用侍酒布。

一般红葡萄酒搭配乳酪、牛排等,白葡萄酒搭配海鲜类。

2. 啤酒的提供

啤酒的最佳饮用温度为5℃,要求冰镇后,在旅客面前开启。头等/公务舱服务时,使用长饮杯,倒满后酒与泡沫的比例为8：2,可根据旅客需求,连同啤酒罐一起送出;普通舱服务时,使用塑料杯,连同啤酒罐一起送出。

3. 香槟/气泡酒的提供

香槟/气泡酒的最佳饮用温度为5℃,要求冰镇后再提供。开启时,应避免摇晃,以免香槟/气泡酒溅出,使用香槟酒杯,倒至四五成满,递送时握住酒杯的杯脚处。

4. 餐后酒提供

提供时,主动介绍餐后酒品名,并使用专用的酒杯。

(四)特殊餐服务

(1)供餐前,先确认特殊餐食类别、数量、存放位置、旅客需求,要根据宗教习惯和健康要求按不同特殊餐别的服务方式正确提供。一般情况下,特殊餐应优先于正常餐提供。

(2)服务时,可以参考以下语言:

"先生您好,我想确认一下请问您是否预定过××餐?"

"先生,这是您的××餐,希望您喜欢,您请慢用。"

供餐参考时间:

06:30——08:30 供早餐

11:30——13:30 供正餐

17:30——19:00 供正餐

二、基本服务用具的使用

(一)托盘

(1)双手竖拿,放平于小腹部位,不易过高。

(2)餐饮服务时,托盘上必须使用垫盘布/垫盘纸。

(3)在过道中转身时,应注意安全和礼貌:

周围没有旅客入座或空间较大时,可直接转身,动作缓慢、小心;

周围有旅客入座空间较小时,手沿着托盘四边,从身前平行穿过。

(4)与旅客交谈时,托盘应始终对着过道,避免直对旅客。

(5)拿空托盘时,竖着拿,盘面朝里,自然垂直在身体的一侧,拇指卡在托盘的盘面,其余四指并拢卡住托盘的盘底。

(二)餐车

(1)餐车门要在厨房内打开。

(2)两手扶住餐车的两侧或拉住车扶手,边推餐车边掌握方向,防止发生碰撞现象。

(3)掌握适当的速度,并用参考语言提醒旅客注意。

(4)停车踩刹车,行车松刹车。

(5)单人推车时,始终站在面对旅客一侧,同时确保另一侧车门锁闭。

(6)严禁将餐车独自留在通道走廊。

(三)围裙

在进行餐饮服务时应穿戴围裙,并保持熨烫平整、干净;穿脱围裙时,要避开旅客视线,不得穿围裙进入卫生间。

三、基本服务动作

(一)端

(1)端托盘时双手竖拿,端托盘的后半部,放平于小腹部位,不宜过高,大小臂成90°夹角。

(2)在过道中转身时,应注意安全和礼貌,端托盘在客舱内转身时,身体转,托盘不转动。

(3）与旅客交谈时，托盘应始终对着过道，避免直对旅客。

（二）拿

拿杯子、酒瓶等，应拿其下 1/3 处。

（三）倒

（1）为成年人倒软饮料倒至杯子的七成满；

（2）为小旅客倒饮料时倒至杯子的五成满；

（3）带汽的酒或饮料，将杯子倾斜 45°角。

（四）送

（1）先里后外，先左后右，先女士后男士，先身份高后身份低。

（2）无论是送饮料还是送其他物品，都应特别注意将所送物品的标志正面对着客人，并尽量用双手送至旅客面前或将其放在小桌板上。

（五）收

（1）从前至后，先外后里。

（2）收杯子使用托盘时，在托盘内铺好托盘垫纸。

（3）在托盘内将杯子由里向外摆放，空杯子叠加的高度不超过 5 个。

（4）收回时，须征询旅客的同意，如旅客主动递回，可用托盘接过，并表示感谢。

（5）毛巾夹不使用时，应放在托盘下隐藏，避免在旅客面前摇晃、指点。

（六）放

遵循轻、稳、准的原则。

四、注意事项

注意微笑、语言以及表情动作。在航班上应始终保持完整的化妆，不得在旅客面前补妆。

参考案例

港龙航空一直以来都很重视机舱服务，而其中餐饮是飞行中非常关键的环节，因此总是想方设法做到独树一帜。

从 2005 年 4 月 15 日起，港龙航空与上海知名餐厅"夜上海"合作，为乘坐来往于上海与香港航班的乘客提供一流的美味佳肴，把飞行打造成"美食旅途"。

与"夜上海"的合作，令港龙航空的机舱美食多元丰富，且富有上海地方特色。所有乘坐港龙航空的乘客有机会品尝到"夜上海"提供的精选菜肴，而头等舱和商务舱的客人更可以品尝由屡获殊荣的上海希尔顿酒店李奥纳多餐厅烹调的美食。港龙航空公司认为："美食是机舱服务中非常重要的一环。我们希望通过与不同知名餐厅的合作，给乘客提供更高素质的餐饮选择，让每位旅客对港龙航空的机舱服务留下美好的印象。"

为了照顾旅客的不同口味，港龙航空特地安排每 15 天更换一次菜单，并保证三个月内不重复菜式。配合空中美味佳肴，港龙航空还精心为所有舱等的乘客准备了香港福茗堂茶庄的上等乌龙茶、茉莉花茶或绿茶。除此之外，港龙航空的所有乘客都有机会享用哈根达斯的冰激凌和 Pacific Coffee 的咖啡。

单元五　语言服务礼仪

教学目标

通过对一些案例的学习,了解并体会与旅客交流的过程与方法,举一反三,达到善于使用礼貌用语,并运用多种语言表达方式,服务语言简练、通俗、亲切,以保证服务目标的实现。

教学内容

在服务过程中,经常会遇到来自旅客各种各样的问题和咨询,尤其是在一些特殊情况下,旅客提问时往往伴随着期待、焦虑、失望,甚至过分激动的情绪,如何得体、合理、巧妙地做出回答,不但直接影响到旅客的感受,而且关系到公司形象和声誉。这时候,要掌握基本的处理原则,运用沟通技巧,热心真诚地为旅客服务。

教学方法

本单元为理论与实践技能学习,以教师讲授与学生练习相结合为主要学习方式。

相关知识与技能

在服务过程中,根据不同的场景、氛围,不同的客人,应适当使用不同的表达方式。

一、主动热情的问候

乘务员迎送旅客或与旅客碰面时,都应主动热情地问候,留下良好的第一印象,问候时应真诚、热情。

迎客时,可以说:"您好!欢迎您登机!"或"早上/中午/晚上好!"等。对常客的到来,问候时可表达出关注,如:"张先生,您好,很高兴又见到您。"迎客过程中也会碰到一些特殊的旅客,有些旅客甚至会对乘务员说,"我是你们某领导的朋友",这时,乘务员无论是否认识旅客所提到的领导,都不要扫旅客的兴,可要因势利导,代表公司对旅客表示欢迎。可以说"先生,很高兴见到您!非常欢迎!"或"您好,欢迎您乘坐我们的航班,很高兴为您服务!"

二、细致耐心的介绍

对于一些年老旅客或其他特殊旅客,可以亲切耐心地向他介绍呼唤铃的使用,坐椅靠背的调节,安全带的使用方法,洗手间的位置等。

当乘务员按规则要求向旅客介绍机上设备、安全要求时,必须细致耐心、言简意赅、条理清楚,不仅要让旅客理解所介绍的内容,而且要让旅客易于接受。

例如,乘务员进行安全检查时,可以这么说:"您好,先生,我们的飞机马上就要起飞了,为了您的安全,请您系好安全带!"或"请您将小桌板收好!请您将座椅靠背调直!请您帮助拉起遮光板！请您不要吸烟！"请关闭手机电源！"。应注意与旅客交谈的态度和语气要严肃认真，但又不失礼节礼貌。对坐在紧急出口座位的旅客进行紧急出口座位介绍时可以说："对不起，打扰几位了，你们现在坐的这个位置是紧急出口，这个出口是紧急情况下使用的，在正常情况下请不要触动这里的红色标志把手。当紧急情况发生时，请听从乘务员的指挥。希望各位能配合我们，谢谢！"当紧急出口座位附近旅客询问自己的座椅为什么不能调节时，乘务员应耐心地给予介绍："很抱歉，您这排座椅的背后是紧急出口，因为安全的设计，不能向后调节。如果您愿意，我可以帮您调换一个座位（在有空座前提下）。"

三、友好善意的提示

由于旅客对客舱环境、客舱设备和客舱安全规定不熟悉，乘务员在服务过程中应给予必要的语言提示和帮助。

例如，当旅客寻找座位时，乘务员应主动协助，并给以明确的指示，可以说："您好！这里的座位10C，您的座位是几号？哦，您的座位在客舱中部，请您再往前走5排，右边靠窗的位置就是"并配合手势指示方向。当乘务员推餐车在过道行走时，常常会因飞机飞行不稳定而撞到旅客，这时，乘务员应及时提醒过道两边的旅客："小心餐车碰到您，谢谢！"使用提示语，语气要柔和、清晰，可用商量的语气提醒旅客。

四、体贴的征询

征询是指征求旅客对服务的要求和意愿。特别是在为旅客送餐、送水时，乘务员要充分尊重旅客的意愿，在无法满足旅客的意愿时，要向旅客提供其他建议。

例如，提供饮料时，旅客需要的饮料没有了，首先要向旅客表示歉意，同时诚心地推荐类似的其他饮料，供旅客选择，可以这样说："对不起，××饮料已经用完了，您可以试一下橙汁或苹果汁，味道也不错，请问您需要来一杯吗？"在向旅客提供餐食时，首先要征询一下旅客的意见，如"小姐／先生：我们今天有海鲜面条和牛肉米饭，请问您需要／喜欢哪一种？""先生／小姐，您需要的是牛肉米饭，对吗？请慢用！"在收餐盘时，应主动征求客人的意见，可以说："我帮您把用完的餐盒收走好吗？"

五、真诚的致歉

致歉是指乘务员在服务过程中，因工作失误或服务不周给旅客情绪带来不良影响而采取的语言弥补措施。在致歉时，乘务员一定要表现出态度的真诚。

例如，航班延误，旅客上机后应向旅客表示歉意："女士／先生，您好！非常抱歉让您久等了！辛苦了！"再如，由于地面等待或空调故障导致客舱太热，旅客抱怨时，乘务员应体谅旅客的感受，并积极给予解决。可以说："真的抱歉，我们非常能理解您的感受，我们已经通知驾驶舱，为大家调节客舱温度，大约几分钟后，您就会感觉好些，请您稍等一会儿，要不我先给您倒杯冰水，好吗？"乘务员为旅客倒饮料时，如果不小心将饮料洒在旅客身上，应立即致歉："小姐／先生，实在对不起，是我不小心，给您添麻烦了，我拿块毛巾给您擦一擦，行吗？对不起，再次向您表示歉意。"

六、衷心的感谢

乘务员在客舱服务过程中对旅客给予的各种配合应表示感谢。

例如，收物品时，旅客将用过的东西整理好，并主动递给乘务员，这时乘务员应真诚地说:"先生／女士,谢谢您。"当旅客有些特殊的要求无法得到满足,而旅客对航空公司的规定又表示理解时,乘务员可以说:"先生／女士,谢谢您对我们工作的理解和支持。""您的建议很好,我会将您的建议转告给公司,谢谢。"

七、和蔼委婉的拒绝

乘务员对旅客提出的不合理要求应予以拒绝,但在使用语言时要语调和缓、言辞委婉,既要让旅客知道其要求无法得到满足,又要使其获得应有的尊重。

例如,当旅客不按牌号入座时,乘务员可以说:"先生,您好!请您先回原位就座,飞机起飞后再调整座位好吗?谢谢您的配合!"若旅客不听从劝阻,可以再告诉旅客:"对号入座是确保飞机起飞平衡的一项安全规定,请您配合我们的工作,谢谢。"若旅客把行李物品放在厨房、舱门、紧急出口等处,是不符合安全规定的。乘务员应和悦地与旅客沟通,可以说:"小姐／先生,您好,非常抱歉,这里是出口通道,为了您和其他旅客的安全,我帮助您把它放在行李架上好吗?"当旅客对啤酒需求量大时,乘务员应婉转地拒绝再给啤酒,可以说:"先生,很抱歉,高空飞行喝过量的酒对身体不好,而且对飞行安全也不利,我帮助您倒杯橙汁好吗?"

八、果断的制止

当旅客的行为影响到飞机安全时,乘务员应态度坚定地给予制止。

例如,飞机马上就要起飞了,乘务员突然听到手机响声,应立即制止:"先生,为了保障飞机导航系统的正常工作,请您立即关闭手机,谢谢合作!"当旅客在客舱、洗手间吸烟时,乘务员应给予礼貌而严肃的制止:"先生,为了飞行安全,洗手间里禁止吸烟,您能告诉我,您把烟头丢哪里了,让我们找到它吧,好吗?"当旅客私自摆弄客舱紧急设备时,乘务员可制止说:"先生,飞机上的某某设备只有在紧急情况下才能使用,为了您的安全,请您不要随意动用,谢谢。"

九、基本原则与沟通技巧

(一)基本原则

在面对旅客时,服务人员即代表公司,应有大局意识,注意正面维护公司形象。在回答问题时,严禁推卸责任,或将公司内部衔接上的不足暴露给旅客。回答问题做到应对谨慎,对于敏感事件,不应擅自与旅客交流、讨论。严禁使用不文明语言。严禁在工作岗位上评论旅客的肤色、外型、衣着、妆扮等。

(二)沟通技巧

(1)专注、耐心地聆听,使旅客感受到被尊重。

(2)积极地回应,确认、重复关键点。适时与旅客进行有效的沟通,为旅客提供多种选择。

(3)用简练的语言说清楚要点。

(4)注意眼神交流和使用肢体语言。

(5)有针对性地为旅客提供个性化服务。

(三)服务忌语及相应的参考说法(表4-1)

表 4-1　服务忌语及相应的参考说法

请别这样说	可以这样说
只能怪你运气不好	很抱歉给您造成了不便,今天确实是因为……(说明原因),如果您还有什么需要,请随时联系我们,有最新消息,我们马上通知您,好吗
我们也没办法	很抱歉给您造成了不便,今天确实是因为……(说明原因),您有没有什么事我能帮忙的
那是别的部门的问题,与我们无关	很抱歉给您造成了不便,我们一定向有关部门反映……谢谢您的宝贵意见
不清楚	您能先等等吗? 我去问一下,马上就来
不是这样的	很抱歉,您能让我解释一下吗? /可能有些误会,您的意思是……是这样吗
没有	我马上去看看吗? 或者您看……这样好吗
这是规定	您能不能配合我们一下……? 为了您和大家的安全……您能不能帮我一个忙
啊? 您说什么? 没听清楚	您的意思是……,是这样吗? /不好意思您刚才说
喔	好的/行/我马上去
啊	不好意思您再说一遍可以吗
真的吗? 您确定吗	是这样啊! 我明白了,您的意思是
您说什么	您是说……吗? /您能再说一遍吗
您先听我说	很抱歉,您能让我解释一下吗? /可能我们误会了您的意思,您的意思是……是这样吗
谁叫您这样做的	也许……/不要紧,我来解释一下/没关系,我来处理好了
听懂了吗	我说得清楚吗? /要不我再重复一次

参考案例1

一位乘务员在为乘客服务时,非常凑巧,每到那位旅客时,不是餐食没有了,就是饮料用光了,需要乘客等一会儿,该乘客有些恼火,发起牢骚:"嘿,一到我这儿就什么都没了!"乘务员意识到旅客的不快,马上接口道:"先生,其实是:每次到您这儿,都得给您上新的!"乘客听了,一下子就笑了,情绪变得非常愉快,一路上给予乘务员很多的配合。

所以说,正面的、积极的语言暗示,能营造出良好的人际氛围。

参考案例2

特殊情况下情景问答参考(在服务过程中,要针对复杂的实际情况,注意灵活运用)。

(1) 航班延误参考情景及用语。

问:"航班延误为什么不事先通知我们?"

答:"非常抱歉,您乘坐的航班是由于××原因临时延误的,来不及通知各位,请您原谅。这次航班的预计起飞时间是××××,我们为您安排了……,您看还有什么可以帮您的?"

问:"飞机坏了什么时候能修好?"

答:"很抱歉耽误您的行程。我们的机务维修人员正在努力检修,预计××时间能够排除故障。您看我还能为您做些什么?"

"很抱歉耽误您的行程。我们的机务维修人员正在努力检修,但暂时还不能估计出维修所需的时间,一旦有了新的情况,我们会立即通知各位。您看我还能为您做些什么?"

问:"停机坪还有好几架飞机呢,为什么不换一架?"

答:"真对不起,耽误了您的行程。我们已经考虑过调换飞机的方法,并且已经核实过,现在停机坪上的飞机都已经安排有各自的任务了。我们公司正在尽力维修您乘坐的飞机,同时还在想办法采取措施安排各位尽早成行。"

问:"为什么要将我们合并到晚2个多小时的A航班上?"

答:"很抱歉,执行您的航班任务的飞机因为故障(或××原因)会导致2个多小时以上的延误,为了确保您能够尽快成行,我们为您安排了目前我公司最早的一班航班。您看我还能为您做点什么?"

问:"你们说今天的航班延误是由于天气原因造成的,但是这里和到达站的天气都很好,你们是不是欺骗我们?"

答:"您的心情我们能够理解,但是今天的情况属于航路被雷雨覆盖,为了您的安全,我们必须严格按标准放行,一旦天气好转,我们会马上安排起飞的。"

问:"为什么你们的延误时间没个准,一拖再拖?"

答:"先生(小姐),很抱歉,没能一次性向您提供最确切的信息。我知道您一定有很紧要的事,我们也很着急,而且有义务将真实情况通知大家,请相信我们。这样吧,我现在再询问一下机长(或调度部门),看有没有最新情况好吗?"

问:"如果你不能解决问题,把你们领导叫出来!"

答:"很抱歉,今天延误的航班比较多,我们经理正在协调处理整体情况,暂时不能过来。事实上,对于各类问题我们公司有统一的规定,即使叫领导来也是同样的解决方法,再次向您表示歉意。"

处理原则:

① 各岗位口径一致,避免旅客误解。

② 如果在客舱内,请机长广播可以增强说服力,发放饮料、报纸,播放录像可以缓解旅客的焦虑情绪。

③ 旅客有时态度恶劣并不是真的不相信,只是借机发泄自己的不满情绪,此时不必急于表白或与客人争个面红耳赤,道歉和聆听会更有效。

④ 注意对现场气氛的掌控,避免因有人煽动其他人的情绪而让服务人员陷入被动,可以邀请情绪过于激动的客人去其他合适的区域单独交谈。

(2) 有一两名旅客未及时登机,其余旅客询问时,参考情景及处置用语。

问:"登机这长时间了,为什么还不关门起飞?"

答:"先生(小姐),由于目前还有几位旅客没有登机,但是他已经办过登机手续,请您在座位上等待一段时间,一有消息我会及时通知您。您看现在我可以为您做点什么?"

"先生(小姐),由于目前还有几位已经办理过登机手续的旅客没有按时登机,他们的行李已经进入行李舱,现在我们正在查找,一有消息我们会及时通知您,对于给您造成的不便深表歉意。如果有需要我们帮助的地方,请您随时告诉我们,我们十分乐意为您服务。"

处理原则:

① 如实告诉旅客。

② 在客舱里安抚旅客情绪,做好适当的解释和沟通。

③ 如等待时间超过 10min～20min,为旅客提供报纸,饮料等服务。

(3) 旅客投诉机上娱乐设备故障参考情景及用语。

问:"这么长的航班居然没有电影可看,你让我怎么过?"

答:"先生(小姐),请您稍等,我帮您检查一下。"

"先生(小姐),真的很抱歉,今天飞机上的娱乐系统发生了故障,一时难以修复。我为您找些书报杂志来好吗?或者我们可以为您提供扑克牌供您消遣,这就给您拿来好吗?"

处理原则:

① 首先,航前的设备检查很重要,如果娱乐系统存在保留故障,旅客登机前,乘务组应该有应对的心理准备。

② 空中娱乐系统临时发生的故障有些可以通过重置的方式解决。

③ 若确实无法修复,向旅客道歉,利用机上资源提供弥补,如报纸杂志扑克牌等,还可以多与客人沟通,尽量化解其不满。

(4) 果汁、咖啡不小心溅到客人身上参考情景及用语。

"先生(小姐),对不起!我马上帮您擦。"

"先生(小姐),我已尽量把它擦干净了,您看这样可以吗?由于我的失误给您带来了麻烦,我真的很抱歉。"

"先生(小姐),我很抱歉由于我的失误给您带来了麻烦,不能让您满意我很遗憾。您看您还有什么需要我做的?"

处理原则:

① 首先道歉,根据情况征得客人同意后帮助擦洗。

② 擦洗后与其沟通,征求客人意见。如果客人觉得可以,再次向客人道歉,小心服务;如果客人不能谅解,询问客人意见,在可接受范围内尽量满足。

(5) 指导排队的旅客合理使用其他方位的洗手间参考情景及用语。

"先生(小姐),这里有很多人等着了,您不妨到那边去,那边空着。"

"先生(小姐),这里要等很长时间,万一颠簸了挺不安全的,洗手间也要暂停使用,不如您去那边的洗手间吧,稍走几步就到了。"

"您需要帮忙吗?洗手间请一直往前走。"

处理原则:

① 告诉客人机上其他洗手间的方位以及查看洗手间是否有人的方法,同时婉言告知:遇到颠簸或飞机起降时洗手间都是不能用的,长时间站在过道上可能存在不安全因素,因此不如及早去其他空的洗手间。

② 发现经济舱旅客有使用头等公务洗手间的意向时,不妨主动迎上前询问其是否需

要帮忙,然后自然地将其引导到相应的洗手间。

③ 原则上,经济舱旅客不应使用头等公务洗手间,但如果客人已经进去,就不必再阻止了。

(6) 旅客投诉餐食味道不好或吃不到自己想要的餐食参考情景及用语。

问:"你们的餐食是我吃到现在最难吃的!"

答:"先生(小姐),真抱歉我们提供的餐食没能让您满意;您看这样好不好,我再去其他舱位看看是否能调配一份适合您口味的餐食,您请稍等一下。"

"先生(小姐),真抱歉我们提供的餐食没能让您满意,我们对您的意见很重视;如果您愿意,能否把意见告诉我,由我记录下来反馈到公司有关部门,您看可以吗?"

问:"我想吃面条,怎么会发完了呢?"

答:"先生(小姐),请您稍等一下,我去别的地方看看有没有面条。"

"先生(小姐),实在不好意思,我和各舱联系过了,面条已经全部送完。我可以提供您×××,您看可以吗?"

处理原则:

① 表示歉意,尽可能利用机上现有条件和资源调配餐食,期望得到客人的满意。

② 充分表示出对旅客意见的重视,如果旅客对品质有详细的描述,不妨一边听取旅客描述一边用纸笔记录,细节上的礼貌和周到,会改变旅客的印象。

③ 感谢客人的意见,表示会将意见向有关部门反馈。

参 考 文 献

[1] 杨军,陶犁.旅游公关礼仪.昆明:云南大学出版社,1995.
[2] 蔡万坤.饭店宾馆优质服务知识.北京:航空工业出版社,1993.
[3] 张四成.现代饭店礼貌礼仪.广州:广东旅游出版社,1996.
[4] 宋晓玲.饭店服务常见案例570则.北京:中国旅游出版社,1996.
[5] 王连义.怎样做好导游工作.北京:中国旅游出版社,1997.
[6] 蒋一帆.酒店服务180例.北京:东方出版中心,1996.
[7] 浙江省旅游局.旅游服务基础知识.北京:高等教育出版社,1997.
[8] 国家旅游局.旅游服务礼貌礼节.北京:旅游教育出版社,1999.
[9] 金正昆.服务礼仪教程.北京:中国人民大学出版社,1999.
[10] 金正昆,等.涉外交际礼仪.北京:科学普及出版社,1991.
[11] 金正昆.现代商务礼仪教程.北京:高等教育出版社,1996.
[12] 李柠主.电话礼仪.北京:中国财政经济出版社,1996.
[13] 李永.空乘礼仪教程.北京:中国民航出版社,2007.
[14] 金正昆.服务礼仪教程.北京:中国人民大学出版社,2006.
[15] 田均平.餐饮店员服务流程规范.北京:中国时代经济出版社,2007.
[16] 唐树伶.服务礼仪.北京:清华大学出版社,北京交通大学出版社,2007.